Pia Herzog

# Wirklich Weg?
oder ein Schattendasein

Pia Herzog

# Wirklich Weg?

## oder ein Schattendasein

Rediroma-Verlag

Bibliografische Information der Deutschen Nationalbibliothek:
Die Deutsche Nationalbibliothek verzeichnet diese Publikation in der Deutschen Nationalbibliografie; detaillierte bibliografische Daten sind im Internet über http://portal.dnb.de abrufbar.

ISBN 978-3-98527-761-2



www.rediroma-verlag.de
9,95 Euro (D)

## INHALT

## DANKSAGUNG

An dieser Stelle möchte ich allen Menschen danken, die mir in meinem Leben begegnet sind, die mir so viel Inspiration gegeben und es somit ermöglicht haben, so viel Fantasie zu entwickeln. Besonderer Dank gilt meinen Freunden und meiner Familie, die mich immer wieder durch anregende Gespräche ermutigt haben, ein weiteres Buch zu schreiben und letztlich zu veröffentlichen.

Danke für die Zeit. Danke, dass es euch gibt!

Ein weiterer Dank geht an Herrn Daniel Bieter vom Verlag, für die professionelle und tolle Zusammenarbeit.

## 1.
## Die Reise nach Berlin

Was für ein herrlicher Ausblick. Ich genoss den Blick von unserer Terrasse auf den Genfer See. Vereinzelt sind Boote zu sehen, winzig, aber mittlerweile wusste ich, dass viele Jachten aus der Ferne betrachtet klein wirkten. Die Alpen im Hintergrund waren leicht vernebelt und die gewaltige Höhe war nicht erkennbar. Für mich war Montreux immer noch der schönste Ort zum Leben. Hier pulsierte das Leben durch die Jazz-Festivals, überhaupt war Montreux etwas mondän, spritzig, laut, alles andere als langweilig. Mein Mann Richard und ich waren vor gut zehn Jahren nach Montreux gezogen, wegen des Wetters und des französischen Flairs. Richard war Softwareentwickler, da spielte der Wohnsitz nicht so eine große Rolle. Die Technik machte es möglich. Konferenzen fanden seit der Pandemie ohnehin über Skype statt. Das war für die Unternehmen auch billiger.

Ich war in der glücklichen Lage, dass ich gar nicht mehr arbeiten musste. Richard verdiente genug Geld. Wir hatten eigentlich ein schönes Leben, eigentlich. Ich fühlte mich aber meistens allein. Am Anfang unserer Ehe hatte ich unser Luxusleben noch mehr genossen, aber jetzt wünschte ich mir oft, Richard hätte mehr Zeit für uns. Sein Standardspruch lautete: „Schatz, wenn ich Rentner bin, wird alles anders.“ Nur bis er in Rente gehen würde, würden noch fünfzehn Jahre vergehen. Richard war dieses Jahr erst fünfzig Jahre alt geworden. Ich hatte dieses Jahr meinen fünfundvierzigsten Geburtstag gefeiert.

Früher war ich bei Richard als Sekretärin angestellt, so hatten wir uns näher kennen und später lieben gelernt. Nach der Hochzeit hatte ich aufgehört, zu arbeiten, weil wir so schnell wie möglich Kinder bekommen wollten, mindestens fünf Kinder, das Schicksal hatte es anders geplant. Eine Adoption kam für uns beide nicht infrage.

„Da bist du ja, Schatz. Ich habe dich schon im ganzen Haus gesucht.“

„Ich genieße unseren Blick auf den See und träume vor mich hin. Was gibt es denn, Richard?“

„Ich muss morgen nach Berlin fliegen. Hast du nicht Lust, mitzufliegen? Es sind nur zwei Tage, aber dann könntest du dich vielleicht mit deinen Freundinnen mal wieder treffen und wir hätten abends etwas Zeit für uns. Na, was hältst du davon?“

„Eine tolle Idee. Wann geht es morgen los?“

„Walter, unser Chauffeur, holt uns morgen früh um sieben Uhr ab und bringt uns zum Privatflugplatz.“

„Prima, ich packe gleich ein paar Sachen ein und schreibe Anke, dass ich komme.“

„Mach das, Yella, ich hole mir einen Drink und nehme deinen vorgewärmten Platz im Liegestuhl ein.“

Die passende Garderobe packte ich schnell in den Koffer, ein paar lange beige Hosen, zwei Blusen, zwei Blazer, flache und hohe Schuhe. Alles farblich abgestimmt in beige-weiß. Das passte gut zu meinem langen, schwarz gelockten Haaren und der leicht gebräunten Haut. Im Koffer packen war ich seit Jahren geübt, schnell und effizient, keinen Platz verschenken. Richard packte wie immer seinen Koffer selbst. Ich freute mich auf Berlin, auf Anke, auf einen Cappuccino to go. Schlendern durch den Schlosspark, sich auszutauschen. Statt eine WhatsApp zu schreiben, entschied ich mich, schnell zum Hörer zu greifen und Anke anzurufen. „Hallo Anke, ich bin es Yella, wie geht es dir?“

„Oh, wie schön, dass du dich meldest, Yella, mir geht es gut, und dir?“

„Das erzähle ich dir morgen. Richard hat in Berlin beruflich zu tun, ich fliege mit nach Berlin, dann können wir uns im Schlosspark auf einen Cappu treffen.“

„Super, das passt perfekt! Ich habe morgen frei, denn eigentlich hätte ich mit Tim zum Zahnarzt gemusst, aber der Zahn ist heute Morgen rausgefallen.“

„Na, da hat Tim ja richtig Glück gehabt.“

Wir lachten beide und verabredeten uns für morgen um 15 Uhr im Schlosspark. Anschließend ging ich noch zu Richard, mit einem Aperol in der Hand, auf die Terrasse. Wir ließen den Abend ausklingen und freuten uns auf Berlin.

Pünktlich wie immer holte uns Walter, unser Chauffeur, ab und brachte uns zum Flughafen. Dort angekommen stiegen wir in eine Cessna Citation Jet, Baujahr 1997, für fünf Passagiere ausgebaut. Auch das ist purer Luxus. Richard und ich wissen das zu schätzen, nicht mit anderen Passagieren auf engsten Raum fliegen zu müssen. Richard las die Wirtschaftswoche online und ich las meinen Roman, Der Gesang der Flusskrebse, weiter. In Berlin kamen wir bei Nieselregen, 17 Grad, an. Es fühlte sich für uns viel kälter an.

„Ich weiß schon, warum wir in Montreux leben“, sagte Richard. „Wir haben den 14. Juni und so ein Wetter. Brr … hätte ich mir bloß noch eine dickere Jacke eingepackt.“

„Für morgen ist besseres Wetter angesagt“, teilte ich Richard mit.

„Na, hoffentlich hast du recht.“

Der Taxifahrer wartete schon auf uns und brachte uns zum Hotel Holiday Inn. Das Einchecken ging wie immer reibungslos vonstatten. Richard verlor keine Zeit, stellte seinen kleinen Trolley vor den Schrank, gab mir einen schnellen Kuss auf die Stirn und verschwand mit den Worten: „Liebes, wir sehen uns heute Abend um 20 Uhr 30 zum Essen hier unten im Restaurant.“

„Ja, ok Richard, wenn es später werden sollte, ruf mich bitte an.“

„Klar, mache ich!“

Ich rief Anke an, um ihr mitzuteilen, dass ich gut in Berlin angekommen sei und mich nun auf den Weg in den Schlosspark mache. Ich war das letzte Mal vor fast genau vor einem Jahr hier. Entlang der Park-Straße hatte sich viel getan. Die zum Teil wunderschönen Altbauvillen waren renoviert worden, dazwischen standen aber auch neue Häuser im Cubus-Stil. Erstaunlicherweise fügten die sich gut ins Bild ein. Eine Penthousewohnung stach besonders hervor. Mir schoss gleich ein Gedanke durch den Kopf, ob wir uns hier vielleicht auch eine Zweitwohnung kaufen sollten. Berlin macht sich, auch die vielen Start-up-Unternehmen siedelten sich in der Hauptstadt an.

Ich sah Anke schon von Weitem mit weit ausgebreiteten Armen auf mich zukommen.

„Hey, endlich, wie lange ist, dass her, dass wir uns das letzte Mal gesehen haben?“, begrüßte sie mich.

„Ich denke, viel zu lange ist das her, fast ein Jahr.“

„Unglaublich, wie schnell die Zeit verstreicht.“

Wir drückten, knuddelten uns, keiner wollte den anderen loslassen.

„Weste, ick hab dir echt vermisst, was hockste och in deinem vornehmen Montreux. Mensch Yella, dat jeht ja nich. weste?“

Ich hatte den Berliner Dialekt echt vermisst. Eingehakt gingen wir weiter in den Schlosspark.

„Oh, wo kommt denn die Musik her?“

„Mensch, Yella, hatte ick völlig verjessen. Heute is doch Oldie-Tag und -Nacht. Heute spielen mehrere Bands im Park. Diese Band habe icke schon mal jehört, die kommen aus Hannover, sind eine Cover-Band und nennen sich Breaking Bridges. Die Jungs und die hübsche Sängerin Maui sind echt klasse! Vor allen der Gitarrist, ein Oli, hat es drauf.“

Während Anke für uns einen Kaffee holte, platzierte ich mich direkt vor der Bühne. Gerade spielte die Band Fortunate Son von CCR. Anke hatte recht, die Musik ging ins Blut. Eine Weile lauschten wir der Musik, dann beschlossen wir uns aber von der mittlerweile angesammelten Menschenmenge zu trennen. Für eine Unterhaltung war es hier viel zu laut geworden.

„Wie geht es dir denn in Montreux? Seid ihr glücklich?“

„Ja, wir sind sehr glücklich dort, nur ich würde mich halt freuen, wenn du uns öfter besuchen kommen könntest.“

„Ach Yella, du west doch, dat des nicht möglich ist.“

„Ja, ich weiß, Mann und Kind halten dich auf Trab. Es ist nur, Richard arbeitet noch sehr viel und richtige Freunde habe ich nicht gefunden. Wirkliche Freunde, so welche, die zu dir halten in der größten Not."

„Nun dramatisiere das mal nicht, welche Not denn? Ihr habt doch alles oder gibt es etwas, was ich doch nicht weiß? Habt ihr Geldsorgen?"

„Nein, obwohl Richard letztens schon mal ein paar komische Bemerkungen gemacht hat so in der Art, wer weiß, was noch alles passiert? Wir sollten lieber vorsorgen, halt solche Redensarten."

„Na ja, das ist wohl eher jammern auf hohem Niveau." Anke erzählte von ihren Alltagssorgen, von Tim und dass sie in den Schulelternrat gewählt wurde, so verging der Nachmittag wie im Flug. Ich machte mich gerade auf den Weg zum Hotel, um mich für den Abend frisch zu machen, da stockte mir plötzlich der Atem. Das war doch Richard, der vor mir lief. „Richard, hallo Richard, warte doch auf mich."

Der Mann vor mir drehte sich noch nicht einmal um. Ich versuchte es erneut „Hey Richard, warte doch bitte." An der nächsten Ampel hatte ich Richard endlich eingeholt und tippte ihm auf die Schulter, der Mann drehte sich zu mir um, ich musste feststellen, es war nicht Richard, aber er sah ihm so verdammt ähnlich.

„Sorry, Entschuldigung, ich habe Sie wohl verwechselt“, stammelte ich.

Der Mann lachte. „Es gibt wohl Schlimmeres als eine Verwechslung.“

„Ja, da haben Sie recht. Entschuldigen Sie nochmal.“

„Keine Ursache“, sagte der Fremde und ging weiter.

Ich ging weiter zum Hotel und beschloss spontan, ohne Termin noch schnell meine Haare waschen und föhnen zu lassen. Der Friseur war gleich neben unserem Hotel: Monis Haarstudio. Auch das gehörte zu meinem Ritual. Wenn ich in Berlin war, ließ ich nur Moni an meine Haare.

Monis Begrüßung war wie immer, sehr, sehr herzlich. Wir waren schon lange befreundet und tauschten uns auch diesmal über alle möglichen privaten Dinge aus. Ganz nebenbei erwähnte Moni, dass sie zum zweiten Mal Oma geworden war. Ich freute mich für sie, die eigentlich Monika hieß. Nachdem Moni mich wieder hübsch frisiert hatte, ging ich zu unserem Hotel, aufs Zimmer, um mich umzuziehen. Bevor ich mich mit Richard zum Essen traf, warf ich noch einen kurzen Blick in den Spiegel. Ich war sehr mit der Frisur zufrieden, chic und natürlich fiel mein Haar. Ob mein Mann sah, dass ich beim Friseur gewesen war?

Richard war pünktlich, was in seinem Beruf nicht selbstverständlich war. Er bestellte uns vorab einen

Champagner. „Na Schatz, wie war dein Tag?“, fragte er mich.

Ich erzählte Richard von meinem schönen Tag mit Anke, von der Band, der tollen Musik und ich erwähnte, dass er einen Doppelgänger hatte, der ihm wirklich sehr, sehr ähnlich sah. Richard lachte. Nachdem ich ihn nach seinem Tag gefragt hatte, erzählte er mir das erste Mal ausführlich von seinen Sorgen und auch Ängsten. Ich hörte genau zu, konnte aber nicht alle Zusammenhänge begreifen. Mir blieb aber im Gedächtnis, dass Richard sich große Sorgen macht um sein, besser gesagt, unser Leben.

„Wirst du bedroht?“, fragte ich.

Richard hob mein Kinn an und flüsterte: „Ja“

„Wer macht denn so etwas? Warum zeigst du denjenigen nicht bei der Polizei an?“

„Ach, Liebes ich hätte wohl besser nicht mit dem Thema anfangen sollen, aber mich beschäftigt das halt schon eine ganze Weile. Ich habe Angst, dass sie eventuell dich als Druckmittel benutzen.“

„Richard, du machst mir Angst. Bitte, was ist denn passiert? Wer hat was gegen dich in der Hand?“

Der Kellner wollte die Bestellung aufnehmen, wir hatten noch immer keinen Blick in die Speisekarte geworfen. „Bringen Sie uns bitte die Empfehlung des Tages, dazu den passenden Wein“, sprach Richard zum Kellner.

„Gerne, wie Sie wünschen.“

Richard und ich aßen fast alles, außer Sülze in Aspik, das mochten wir beide nicht. Nachdem der Kellner außer Hörweite war, fuhr Richard fort. „Wo war ich stehen geblieben? Ach ja, also, ich hatte einen Großauftrag bei einer großen deutschen Firma. Es ist besser, wenn du keine Details weißt. Ich habe vorgeschlagen, Mitarbeiter zu entlassen und die Führungskräfte in der zweiten Ebene auszutauschen. Dies wurde auch nach und nach umgesetzt, natürlich mit Einspruch der Gewerkschaft und Belegschaft. Zu diesem Zeitpunkt bekam ich schon Drohbriefe, die ich nicht ernst genommen habe. Danach bekam ich eine höhere Überweisungsgutschrift auf unserem Firmenkonto, auf die ich mir keinen Reim machen konnte. Bevor ich das klären konnte, hatte ich schon Ärger wegen Verdacht auf Geldwäsche.“

Der Ober kam mit unserem Essen. Es gab gegrillten Dorsch mit Rosmarinkartoffeln, Rucola Salat mit Birne und geraspeltem Parmesankäse, dazu passte der Chardonnay perfekt. Schweigend begannen wir zu essen. Ich hielt die Spannung nicht mehr aus und fragte, was aus der Anschuldigung geworden war.

„Es hat sich ziemlich schnell aufgeklärt, dass der Verdacht der Geldwäsche nicht haltbar war. Ich glaube, darum ging es auch nicht, es ging darum, ich sollte spüren, wie schnell der oder diejenigen mir das Leben schwer machen können. Aus diesem

Grund wollte ich dich fragen, ob du dir auch ein Leben mit mir in einer anderen Stadt als Montreux vorstellen kannst? Denn Montreux ist, was das anbelangt, halt ein Dorf. Jeder weiß alles von jedem."

„Ja, letztendlich will ich ja mit dir leben und wo spielt dabei doch keine so große Rolle, es sei denn, du willst mit mir zu den Eskimos, dann muss ich mich leider scheiden lassen. Sollte ein Scherz sein", fügte ich überflüssigerweise hinzu.

Richard nahm meine Hand in seine und sprach noch leiser. „Was hältst du von Amerika? New York?"

„Oh, nein", entfuhr es mir.

„Eben wolltest du noch überall mit mir hingehen? Was stört dich an New York?"

„Bitte nicht, Richard, das ist zu weit entfernt von meinen Freunden. Ich sehe Anke ohnehin schon so selten. Können wir nicht in Europa bleiben? Warum ziehen wir nicht nach Berlin?"

„Berlin? Nein, das ist keine gute Idee."

„Richard, ist es denn wirklich so schlimm? Warum informierst du nicht die Polizei? Oder engagiere doch einen Personenschützer. Wir können uns den doch leisten."

„Wir werden eine Lösung finden, Schatz, mach dir keine Sorgen. Nun lass uns den letzten Abend in Berlin genießen und wie ich sehe, warst du beim Friseur! Chic sieht das aus. Überhaupt bist du eine tolle Frau, das wollte ich dir schon lange sagen. Ich bin sehr glücklich mit dir."

„Richard, ich mache mir große Sorgen, so eine Liebeserklärung hast du mir das letzte Mal zu unserer Hochzeit gemacht, das ist über zehn Jahre her."

## 2.
## Das Paket – der Auslöser

Am nächsten Tag flogen wir früh zurück nach Montreux. Der Alltag hatte uns schnell wieder, ich suchte über eine Immobilienagentur für uns ein neues Zuhause, egal, wo. Wichtig waren nur die Ausstattung und die Lage. Es war gar nicht so einfach, etwas Passendes zu finden. Zugegeben, ich hatte auch an vielen Häusern etwas auszusetzen. Es lag sicher daran, dass ich in Wirklichkeit nicht woanders hin umziehen wollte. Mir war das zu dieser Zeit noch nicht bewusst.

Ich wurde durch das Klingeln des Telefons aus meinen Gedanken gerissen. Ich nahm den Telefonhörer ab. „Guten Tag hier ist die Immobilienagentur Casa España, spreche ich mit Frau Yella Lober?"

„Ja, am Apparat."

„Hallo Frau Lober, mein Name ist Rita. Herr Mendes bat mich, dass ich mich persönlich um Ihre Wünsche kümmere. Ihr Mann bat uns, dass wir Ihnen interessante Immobilien zum Kauf zusenden. Haben Sie das Exposé von Mallorca schon erhalten und sich diese hervorragende Immobilie angeschaut?"

„Oh, Rita, nein, ich bin noch nicht dazu gekommen, aber ich verspreche Ihnen, das werde ich dieses Wochenende mit meinem Mann zusammen anschauen."

„Frau Lober, es gibt einen weiteren Interessenten, wäre doch schade, wenn die Immobilie dann schon verkauft wäre, oder?“

„Ja, Sie haben recht, aber mein Mann ist zurzeit auf Geschäftsreise in Rom.“

„Na dann melden Sie sich bitte gleich am Montag. Einen schönen Tag noch, Frau Lober.“

„Danke, für Sie auch, Rita.“

Also, tüchtig und schnell war Rita, mir fast zu schnell! Ich nahm mir das Exposé zur Hand und schaute mir das Haus an. Es war zugegeben wunderschön, es lag oberhalb von Ses Salines auf Mallorca, mit einem schönen freien Blick auf das Mittelmeer. Das Haus, eine Finca, ließ keine Wünsche offen. Es hatte einen mediterranen Garten, Pool, eine Sonnenterrasse und eine Frühstücksterrasse im Schatten, sechs Zimmer und tolle Bäder, zwei davon zwei en Suite. Dennoch konnte ich mir nicht vorstellen, dort zu leben. Mal sehen, was Richard von dem Anwesen hielt, denn Haus oder Finca war wohl nicht die richtige Bezeichnung.

Ich legte das Exposé zur Seite, ging auf unsere Terrasse und schaute von meinem Liegestuhl aus mit Wehmut auf den Genfer See. Mallorca, das war so weit von Anke entfernt. Reine Flugzeit zweieinhalb Stunden von Palma bis zum BER in Berlin, dazu kam ja noch die Fahrt zum Flughafen und zurück. Ich hatte doch nur noch ein paar wenige Freunde in Berlin. Meine Eltern waren, als ich zehn

Jahre alt war, bei einem Autounfall ums Leben gekommen. Eine ältere Cousine meiner Mutter hatte sich dann in Berlin um mich gekümmert. Tante Waltraud, unverheiratet, war leider auch schon seit fünf Jahren tot. Ich war gerne bei Tante Waltraud. Sie hatte selbst keine Kinder und war immer liebevoll zu mir. Geschwister hatte ich keine. Richard war auch in Berlin aufgewachsen, aber in einem Kinderheim in Grunewald. Seine Mutter hatte ihn als Säugling schon ins Heim gegeben. Vater unbekannt. Wir lebten beide in Berlin, aber in unterschiedlichen Stadtteilen. Ich in Pankow im Osten und Richard im Westen in Grunewald. Kennengelernt hatten wir uns dann erst nach der Wende, als Richard eine Sekretärin gesucht hatte. Ich glaube, er hatte mich nur wegen meines Vornamens eingestellt, denn er wiederholte immer wieder meinen Namen „Yella". Als ich Richard die Bedeutung meines Namens sagte, hatte ich die Stelle. Mein Name bedeute „lache" und kommt aus dem Griechischen. Meine Eltern waren während ihrer Hochzeitsreise auf der Insel Thasos. Ich glaube, dort wurde ich auch gezeugt, deshalb der Name Yella.

„Frau Lober? Entschuldigen Sie bitte die Störung, ich habe geklingelt, aber es hat niemand geöffnet."

„Ja, bitte?"

Vor mir stand der Postbote mit einem Paket. „Entschuldigung, aber ich wollte es nicht einfach vor die Tür legen."

„Schon gut, sind Sie neu? Ich kenne Sie nicht. Abgemacht ist, dass Pakete in die Box unter dem Carport abgestellt werden. Ich möchte nicht, dass jemand hier einfach um unser Haus läuft.“

„Ja, ich mache nur heute die Vertretung, wegen Krankheit. Entschuldigen Sie bitte.“

Ich nahm das Paket entgegen. Der neue Postbote drehte sich auf dem Absatz um und verließ unser Grundstück. Das Paket war für Richard. Ohne Absender? Komisch. Ich trug das Paket ins Esszimmer und legte es auf den Esszimmertisch. Danach kochte ich mir einen Kaffee und nahm diesen mit auf die Terrasse. Ich saß gerade im Liegestuhl, da hörte ich ein lautes Klingeln. Wo kam das Geräusch her? Ich ging zuerst in die Küche, dort kam das Geräusch nicht her. Als ich in der Verbindungstür stand zwischen Küche und Esszimmer, war ich mir sicher, dass dieses Klingeln aus dem Paket kam, welches der Postbote gerade gebracht hatte. Eine Bombe, schoss es mir durch den Kopf. Quatsch, die ticken doch immer in den Filmen. Ich blieb wie versteinert in der Tür stehen. Das Klingeln hörte nicht auf. Es wurde in meinem Kopf immer lauter und schriller. Ich musste hier raus. Wo war mein Handy? Ich musste die Polizei rufen. Mein Gott, was sollte ich nur tun? Richard anrufen? Er konnte mir doch auch nicht helfen, er war in Rom.

Panik machte sich in mir breit. Mein Herz schlug schneller, meine Beine fingen leicht an zu zittern.

Wenn das doch eine Bombe im Paket war? Ich erinnerte mich an unser Gespräch in Berlin, wo Richard mir gestand, dass er Drohbriefe erhielt. Ich lief auf den Flur, nahm kurz entschlossen mein Handy, verließ unser Haus, lief auf die Straße und wählte die Telefonnummer der Polizei. Mit wenigen Worten erzählte ich von dem Paket. Der Beamte am Telefon bat mich, vor dem Haus zu warten.

Das Bombeneinsatzkommando traf nach ca. vierzig Minuten ein. Die Polizisten hatten Helme auf, trugen dicke Schutzwesten zu ihrer Sicherheit. Unsere Straße wurde abgesperrt, alle Bewohner wurden gebeten, hinter die Absperrung zu treten. Die Polizei hatte einen Spürhund für Sprengstoff dabei. Diese Szene war absolut filmreif.

Ich stand immer noch völlig neben mir, als nach relativ kurzer Zeit ein Beamter aus unserem Haus kam und mich bat, mit ihm in unser Haus hineinzugehen. Über ein Megafon verkündetet ein anderer Beamte, dass es sich um einen Fehlalarm handelte und alle Anwohner beruhigt in ihre Häuser zurückgehen könnten. Ich ging mit dem Einsatzleiter in das Esszimmer, dort auf dem Esszimmertisch lag das geöffnete Paket, das an Richard adressiert war. Darin lag ein Wecker wie aus Großmutters Zeiten, rund, rot, mit zwei Glocken oben, batteriebetrieben. Ich wusste nicht, ob ich weinen oder lachen sollte.

„Na, Frau Lober da wollte sich wohl jemand einen Scherz mit Ihrem Mann erlauben. Haben Sie eine Idee, wem wir diesen Einsatz zu verdanken haben?“

„Nein, mein Gott, ist mir das peinlich. Da ist wohl die Fantasie mit mir durchgegangen. Das tut mir sehr leid.“

„Frau Lober, warum hatten Sie solche Angst? Gibt es einen besonderen Grund? Werden Sie oder Ihr Mann bedroht?“

„Nein, bei uns ist alles ok“, flüsterte ich, meine Stimme versagte, ich begann zu zittern.

Der Beamte schob mir einen Stuhl hin. Ich nahm darauf Platz. „Wo hält sich Ihr Mann zurzeit auf, Frau Lober?“

„Mein Mann ist gestern zu einem Meeting nach Rom geflogen.“

„Haben Sie mit ihm heute schon telefoniert?“

„Nein, da ich ihn heute zurückerwarte, haben wir noch nicht zusammen gesprochen, warum?“

„Würden Sie bitte Ihren Mann jetzt sofort anrufen?“

„Ja, wenn Sie das für erforderlich halten.“

Mit zittrigen Fingern rief ich Richard in Rom an.

„Hallo Schatz, hast du Sehnsucht nach mir?“

„Ja, Richard.“ Ich fing an zu weinen und konnte nicht mehr sprechen. Der Polizeibeamte nahm mir das Handy aus der Hand, stellte sich bei Richard vor und teilte ihm mit knappen Sätzen mit, was hier vorgefallen war. „Ja, für uns gibt es nichts mehr zu tun, das Paket nehmen wir mit, für die KTU, um es auf Fingerabdrücke zu untersuchen. Wer weiß, vielleicht bekommen wir ja doch noch eine Antwort, wer Ihnen einen Schrecken einjagen wollte. Komisch finde ich nur, dass kein Brief oder sonstiger Hinweis dabei waren. Na ja, wenn wir herausbekommen, wer dahintersteckt, wird derjenige eine saftige Rechnung bekommen."

Als die Beamten gegangen waren, saß ich noch lange am Esstisch und starrte den Wecker an.

Als Richard endlich zu Hause war, nahm er mich lange in den Arm. Danach zeigte ich ihm den Wecker und musste ihm noch einmal haarklein alles erzählen. „Richard, was hat das alles zu bedeuten?"

„Yella, ich verstehe das auch nicht, warum einen Wecker? Liebling wie viel Uhr war es, als der Wecker geklingelt hat?"

„Ich glaube so um die Mittagszeit, vielleicht kurz vor zwölf? Ich habe mich noch gewundert, weil unsere Post doch meistens zwischen dreizehn und vierzehn Uhr kommt."

„Kurz vor zwölf", sprach Richard laut, „das ist eine letzte Warnung! Wecker heißt auf Englisch alarm clock. Alarm clock heißt die Software des Unternehmens, für das ich gearbeitet habe." Richard war leichenblass geworden.

„Richard, du musst das sofort der Polizei mitteilen."

„Nein, auf keinen Fall“, antwortete Richard. „Bloß keine Polizei. Ich regle das selber.“

„Richard, das macht mir Angst. Sind das die Leute, die dich bedrohen, weshalb wir aus Montreux wegziehen sollen?“

„Yella, ich finde, es ist einfach Zeit für eine Veränderung. Ok?“

Ich zeigte Richard das Exposé von Mallorca. Er war ganz begeistert von den Zimmern und den Bädern, einfach allem. „Mensch, das ist doch super.“

Meinen Einwand, dass ich doch gar nicht Spanisch spreche, wischte er mit den Worten vom Tisch: „Du hast doch Zeit, dann lernst du halt Spanisch. Wenn du einen Dolmetscher brauchst, engagierst du einen. Ansonsten leben da viele Deutsche mit zweitem Wohnsitz. Eine deutsche Urlaubsregion ist es doch auch. Außerdem möchte ich doch auch weniger reisen und mehr Homeoffice machen. Bitte, Yella, ruf morgen Rita an und sag zu, bevor die Superimmobilie weg ist. Vielleicht kann ich die Behörden sogar davon überzeugen, dass wir einen Hubschrauberlandeplatz brauchen. Dann würden wir beim Reisen Zeit sparen. Ach, du wirst sehen, Yella, das wird so schön wie Montreux.“

Ich wusste nicht, was ich sagen sollte.

## 3.
## Ist Mallorca unser neues Zuhause?

Am nächsten Tag telefonierte ich mit Rita von der Immobilienagentur und sagte ihr unter Vorbehalt zu. Wir vereinbarten einen Besichtigungstermin für nächstes Wochenende auf Mallorca. Ich konnte Richard davon überzeugen, nicht die Katze im Sack zu kaufen und nicht mit unserem Privatflugzeug zu fliegen, sondern von Zürich nach Palma und ab da mit einem Mietwagen nach Ses Salinas zu fahren. So konnte ich auch viel mehr von Mallorca entdecken. Ich war schon zweimal auf Mallorca gewesen, aber nur, um Urlaub zu machen. Nun überlegten wir ja, unser Leben hier zu verbringen.

Richard war bester Laune. Meine Freude hielt sich ehrlicherweise in Grenzen. Die reine Fahrzeit von Palma nach Ses Salinas betrug 40 Minuten. Ja, Richard hatte recht, das war nicht zu viel.

In Ses Salinas angekommen, verschlug es mir die Sprache. Die Finca war ein Traum, angefangen von der Einrichtung, geschmackvoll, bis über die Größe der Zimmer, das herrlich angelegte Grundstück.

Die Gemeinde Ses Salines ist einer der schönsten Orte auf der Insel. Er wurde zu Ehren der zahlreichen Salzseen, die es in der Gemeinde gibt, Ses Salines getauft. Die Salzebenen von s'Avall liegen in Colonia de Sant Jordi, 7 km vom Dorf Ses Salines entfernt und gehören zu den ältesten Salzseen der

Welt, da sie aus der Zeit der römischen Herrschaft stammen. Eine ihrer Besonderheiten ist, dass das Salz noch immer von Hand gesammelt wird. Das sagte Google über Ses Salinas

Das Cap Ses Salinas war sehr rau. Zum Baden gab es drei Strände, die mit dem Auto gut zu erreichen waren.

Richard hing an Ritas Lippen, die es sich nicht nehmen ließ, die Finca in den höchsten Tönen zu loben.

„Ich mag die Finca, aber, nein, ich möchte nach Hause an den Genfer See, nach Montreux."

„Yella, Schatz, das ist ein Traum. So etwas Schönes bekommen wir nie wieder, das ist unsere Chance. Wir müssen nur Ja sagen."

Ich schrie es fast heraus: „Nein, ich möchte hier nicht herziehen."

Richard und Rita sahen mich an und ich sah ihnen an, dass sie mich nicht verstehen konnten und nicht wollten. Richard nahm mich in den Arm und sprach zu mir wie zu einem Kind. „Schau, Yella, das gibt sich, wenn du dich erst einmal eingelebt hast. Gib uns eine Chance auf Mallorca."

„Nein, Richard, ich werde hier nicht herziehen."

Mit diesem Satz von mir kippte die Stimmung. Ich fühlte mich nicht gut. Mir war ja bewusst, dass Richard bedroht wurde und wer weiß, vielleicht auch ich. Nein, ich wollte hier nicht leben.

Die Rückfahrt nach Palma verlief schweigend, Richard hing seinen eigenen Gedanken nach und ich fühlte mich schlecht. Richard bat mich, den Rückflug zu verschieben, er wollte noch eine Nacht in Palma verbringen und sich morgen erneut die Finca ansehen.

Ich blieb hart. „Nein, Richard, ich möchte hier nicht leben. Ich muss darüber auch nicht mehr nachdenken."

„Yella, so eine Chance bekommen wir nie wieder! Begreifst du das nicht? Warum, was gefällt dir denn nicht? Das Haus? Mallorca? Warum bist du so unflexibel? Mein Gott, Yella, hier wären wir sicher. Aber gut, dann flieg alleine zurück, ich werde mir morgen mit Rita noch einmal die Finca ansehen."

„Das ist doch nicht dein Ernst, Richard. Du möchtest nicht mit mir zurückfliegen, sondern hierbleiben? Wir haben immer alles zusammen beschlossen. Warum finden wir denn jetzt keine Lösung?"

„Weil du stur und egoistisch bist."

Das saß. Es läuft immer nur gut zwischen uns, wenn ich das mache, was Richard sagt, schoss es mir durch den Kopf. Diesmal werde ich nicht nachgeben.

Am Flughafen in Palma angekommen checkte ich alleine nach Zürich ein, Richard buchte seinen Flug auf Mittwoch um. Er blieb nun vier Tage länger.

„Was willst du in den vier Tagen hier machen?“, fragte ich verwundert, denn eben war doch nur die Rede von Sonntag gewesen.

„Ich werde mich bei den Behörden erkundigen wegen eines Hubschrauberlandeplatzes, das kann ich schlecht an einem Sonntag machen. Rita hat sich bereit erklärt, mit mir bis Mittwoch zu bleiben und für mich zu dolmetschen. Besser geht es doch nicht! Schade, Yella, ich wünsche dir einen guten Flug. Melde dich bitte, wenn du in Montreux angekommen bist.“

„Bist du sicher, dass dich das interessiert?“

„Was soll das werden, Yella, eine Grundsatzdiskussion auf dem Flughafen? Vergiss es.“ Richard drehte sich um und ging.

Wann hatte er beschlossen, mit Rita bis Mittwoch zu bleiben?, schoss es mir durch den Kopf.

Angekommen in Montreux stellte ich mich mit einem Aperol auf die Terrasse und atmete tief durch. Ach, das tat so gut, wieder hier zu sein. Ich betätigte die Kurzwahl auf meinem Handy und rief Richard an. Als die Mailbox ansprang, wollte ich im ersten Impuls wieder auflegen, entschied, mich dann aber draufzusprechen. „Hallo Richard, ich bin gut in Montreux angekommen. Es hat alles gut funktioniert. Wenn du magst, kannst du dich ja nachher melden, wenn du Lust und Zeit hast. Ich drück dich.“ Irgendwie fühlte ich mich mit einem Mal sehr einsam. Ich brauchte seelische Unterstützung und rief Anke an. Sie war geschockt, als ich ihr die Geschichte mit dem Paket und dem geplatzten Umzug erzählte. Vor allem der Grund des Wohnortwechsels bereitete Anke auch Angst. „Warum, liebe Yella, zieht ihr denn nicht nach Berlin?"

„Das habe ich Richard auch gefragt, aber ich glaube, weil ein Teil seiner Auftraggeber aus Berlin kommt, möchte er dort nicht wohnen. Es ist im Moment megakompliziert. Ich bin auch enttäuscht, dass Richard einfach auf Mallorca geblieben ist."

„Yella, ist denn sonst zwischen dir und Richard alles in Ordnung? Liebst du Richard noch?"

„Ja, Anke, mach dir keine Sorgen, es ist alles gut zwischen uns. Ich versuche, Richard gleich erneut zu erreichen, meine Liebe, pass auf dich auf!"

„Du auch, Yella."

Ich konnte Richard nicht erreichen, die Mailbox sprang wieder an, diesmal sprach ich aber nicht drauf. Ich ging duschen und anschließend ins Bett.

Am nächsten Morgen machte ich mir gerade mein Müsli fertig, als mein Handy klingelte. „Hallo Yella hier ist Anke, mir ließ unser Gespräch gestern Abend keine Ruhe. Hat sich dein Mann bei dir schon gemeldet?"

„Nein, Anke, ich hatte ihn gestern Abend nicht mehr erreicht. Sicher meldet er sich heute bei mir nach der erneuten Besichtigung der Finca."

„Ok, du hast recht. Richard muss deine Absage auch erst einmal sacken lassen.“

Er musste wirklich sauer auf mich sein. Richard hatte immer, wenn er auf Geschäftsreise war, morgens und abends angerufen. Auch zwischendurch bekam ich eine WhatsApp, mal einen Smiley, mal ein Herz oder einen Kuss. Ich mochte diese kleinen Zeichen zwischendurch. Komisch war allerdings, er war seit meiner Abreise gar nicht mehr online. Leider wusste ich auch nicht, in welchem Hotel in Palma Richard abgestiegen war. Ja, und Rita mochte ich nun auch nicht fragen, wo mein Mann war.

Um mich abzulenken, machte ich mich hübsch, zog eine weiße Hose, ein schwarzes Top an, schwarze Schuhe und machte mich auf den Weg zum Casino, denn da fand heute ein Musikfestival statt. Ich bin und war schon immer ein Fan von Freddie Mercury. Ihm zu Ehren fand heute das Festival rund um seine Statue direkt am Genfer See statt. Ich ahnte, dass viele Menschen da sein würden, aber dass es so voll werden würde, damit hatte selbst ich nicht gerechnet. Ich genoss die vielen Hits, angefangen von Radio Gaga, Bohemian Rhapsody, mein Lieblingslied war aber Don‘t stop me now,

„Hey Yella, schön, dich zu sehen. Wie geht es dir?“

„Hallo Gabi welch eine Überraschung. Wir sehen uns anscheinend immer nur beim Festival. Mir geht es gut. Danke, und dir? Was machst du so?“

„Hast du ein wenig Zeit? Wo ist dein Mann Richard?“

„Richard ist auf Mallorca und sucht eine Immobilie für uns.“

„Nein, das ist nicht dein Ernst. Ihr könnt doch nicht dieses schöne Plätzchen Erde für Mallorca verlassen! Was wird dann aus uns? Komm, wir holen uns ein Glas Champagner.“

„Gerne, Gabi.“

Ich erzählte Gabi, dass Richard sich beruflich verändern wollte und deshalb der Umzug eventuell anstand. Worüber ich mich besonders freute, war, dass Gabi mich als Freundin ansah. Ich merkte plötzlich, ich war gar nicht so verlassen in Montreux, wie ich gedacht hatte. Zum Abschied drückten wir uns und versprachen uns, dass wir uns ab sofort alle drei Wochen treffen, um uns auszutauschen. Ich blieb noch bis ca. 22 Uhr, dann machte ich mich zu Fuß auf den Heimweg. Ich war etwas enttäuscht, denn zwischendurch sah ich immer wieder auf mein Handy und musste feststellen, dass Richard nicht angerufen hatte.

Zu Hause angekommen versuchte ich noch einmal Richard telefonisch zu erreichen. Er war bis jetzt immer noch nicht online. Ich machte mir Sorgen, meine Gedanken kreisten umher. Hatte Richard etwas mit der Immobilienmaklerin Rita? War ihm etwas Schlimmes passiert? Steckte vielleicht die Firma dahinter, für die Richard gearbeitet hatte? Mit all diesen kuriosen Gedanken versuchte ich irgendwann einzuschlafen.

Montag Morgen erwachte ich eine Stunde früher als sonst. Mein erster Blick fiel auf mein Handy. Keine Nachricht. Dann eben nicht. Ich begann den Montag wie jeden Montag. Ich hielt mich fit mit Yoga und schwimmen, anschließend aß ich an der Promenade einen Salat und ging nach meinem Mittagessen wieder zu Fuß nach Hause. Einkaufen fahren musste ich heute nicht, denn Richard war ja heute nicht da. Für abends hatte ich noch ein Lachssteak, welches ich mir braten wollte. Zugegeben ich schaute zwischendurch immer wieder auf mein Handy.

Am Dienstagmittag rief ich bei dem Immobilienmakler Casa España an, um mich mit Rita verbinden zu lassen. Ich musste unbedingt erfahren, in welchem Hotel Richard abgestiegen war. Dort lief eine Bandansage: „Zurzeit ist unser Büro nicht besetzt, bitte hinterlassen Sie uns eine Nachricht, wir melden uns so schnell wie möglich zurück.“ Ich bat um sofortigen Rückruf.

Endlich, am Mittwoch gegen 21 Uhr, klingelte mein Handy. Die Handynummer war mir nicht bekannt. „Yella Lober am Apparat.“

„Guten Abend, Frau Lober, verzeihen Sie bitte die späte Störung. Mein Name ist Pamela vom Hotel La Palma. Könnte ich bitte Ihren Mann sprechen?“

„Nein das ist leider nicht möglich. Mein Mann ist auf Mallorca.“

„Frau Lober, deshalb rufe ich an. Ihr Mann hat am Samstag hier im Hotel eingecheckt und hat bis Mittwoch gebucht. Leider hat er heute nicht ausgecheckt. Als wir das Zimmer heute Abend geöffnet haben, haben wir festgestellt, dass die Garderobe noch da ist. Ihr Mann hat bedauerlicherweise vergessen, die Rechnung zu begleichen. Es wäre nett, wenn Sie das übernehmen könnten, sonst müssen wir leider die Polizei einschalten wegen Betrug.“

„Wie bitte? Habe ich das richtig verstanden? Die Garderobe ist noch da, aber mein Mann nicht?“

„Si, Señora.“

„Wo ist denn Rita Österle? Hat die auch in ihrem Hotel genächtigt?“

„Pardon, Señora, das darf ich Ihnen nicht sagen. Wenn Sie bitte die Hotelrechnung übernehmen würden, dann senden wir Ihnen die Unterlagen von Ihrem Mann zu.“

„Woher haben Sie denn meine Telefonnummer?“

„Auf dem Nachtisch von Ihrem Mann lag ein Immobilien-Exposé, adressiert an Ihre Adresse mit Handynummer.“

„Ja, senden Sie mir Ihre Bankdaten, ich werde die Rechnung sofort begleichen. Die Garderobe schicken Sie bitte an die Adresse, die auf dem Exposé angegeben ist.“

Was sollte ich nun machen? Ich rief Richard auf seinem Handy an. Das Handy war aus. Verdammt, was sollte ich tun? „Yella, überleg doch“, sprach ich zu mir selbst. Er hat dich verlassen und ist mit Rita durchgebrannt. Quatsch, dafür lässt man sich scheiden. Richard wurde gekidnappt? Dann hätte ich schon längst eine Geldforderung. Richard ist tot? Ich schrie, schrie, schrie! „Nein, bitte nicht das!

„Mein Name ist Yella Lober, ich möchte bitte eine Vermisstenanzeige aufgeben.“

„Wen vermissen Sie denn?“

„Meinen Mann Richard Lober?“

„Seit wann?“

„Eigentlich seit Sonntag, aber offiziell seit heute, dem 14. Juli 2021.“

„Können Sie mir das bitte in kurzen Worten erklären, Frau Lober?“

Ich versuchte, in kurzen klaren Sätzen zu sprechen. Erst als ich die Bombenaktion erzählte, verschaffte ich mir bei dem Beamten Gehör. Er gab in seinem Computer den Namen Lober ein und bat mir einen Stuhl und ein Glas Wasser an. Ich nahm beides dankend an. Ich hatte das letzte heute Mittag gegessen und war nach dem Telefonat mit Pamela direkt zu Gendarmerie Montreux gefahren. Nun saß ich hier und erzählte unsere Geschichte, soweit ich sie wusste.

„Warum haben Sie uns damals nicht erzählt, dass ihr Mann Drohbriefe bekommt?"

„Weil mein Mann das nicht wollte!"

„Wo befinden sich die Drohbriefe?"

„Ich nehme an, auf seinem Computer, den er mit auf Mallorca hatte."

„Ich werde sofort veranlassen, dass das Zimmer versiegelt wird. Vielleicht haben wir Glück und es ist noch nicht zu spät. Auch am Flughafen werden wir uns erkundigen, ob Ihr Mann wieder in die Schweiz eingereist ist. Frau Lober, ich halte es für das Beste, wenn Sie nun nach Hause gehen und sich für weitere Fragen bereithalten. Bitte verlassen Sie nicht die Schweiz, ohne uns vorher zu informieren. Sobald wir mehr wissen, werden wir Sie informieren. Ach, noch etwas, Frau Lober, bitte behindern Sie nicht unsere Ermittlungen, indem Sie selbst alle Leute anrufen und recherchieren. Dafür sind wir da. Haben Sie alles verstanden? Oder haben Sie noch Fragen? Wenn die Sachen von Ihrem Mann eintreffen, rufen Sie uns bitte sofort an. Ich schicke Ihnen dann sofort einen Beamten nach Hause. Gute Nacht, Frau Lober."

Was soll an dieser Nacht gut sein, dachte ich, sagte aber nichts und ging nach Hause.

Ich hatte in der Nacht nicht geschlafen. Ich vermisste Richard, ich machte mir Sorgen. Ich hatte Angst. In diesem Zustand konnte nur eine enge Freundin helfen, die aber einfach zu weit entfernt wohnte. Anke war vollkommen geschockt. Es tat aber dennoch gut, mit ihr zu reden. Als ich auflegte, fühlte ich mich ein wenig besser. Ich wählte die Telefonnummer des Immobilienmaklers. Mir doch egal, ob die Polizei damit einverstanden war oder nicht. Es ging ja schließlich um meinen Mann.

„Immobiliengesellschaft Casa España, Rita am Apparat."

„Rita, hier ist Yella Lober. Wissen Sie, wo mein Mann ist?"

Ich kam mir ziemlich blöde vor bei der Frage, aber ich musste sie stellen.

„Nein, Frau Lober. Ich dachte, Ihr Mann ist nach Hause geflogen, ohne mir etwas davon zu sagen. Muss er ja auch nicht, aber nett wäre es schon gewesen."

„Wann haben Sie meinen Mann denn das letzte Mal gesehen?"

Mein Gott, ich hörte mich ja schon selber an wie eine Polizistin. Rita schien das nicht zu stören. Bereitwillig erzählte sie mir, dass sie und Richard sich am Sonntagvormittag noch einmal die Finca angesehen hatten. Danach waren sie zusammen nach

Palma gefahren und wollten sich am Montagnachmittag treffen. Zu diesem Treffen war Richard nicht erschienen. Rita hatte mehrmals versucht, ihn auf seinem Handy zu erreichen. Leider vergeblich. Rita hatte dann ihren Flug umgebucht und war zurückgeflogen. Mehr könne sie mir nicht sagen. Ich bedankte mich und legte auf.

„Richard, wo bist du nur?“, fragte ich mich im Stillen. Sein Handy blieb aus. Was konnte ich denn noch tun? Mir wurde bewusst, wie wenig ich von Richards Leben wusste. Ich kannte ja noch nicht einmal seine Auftraggeber. Ich hatte doch Vollmacht auf sein Konto, da konnte ich doch nachsehen. Ich ging ins Internet und loggte mich ein. Es war das erste Mal, dass ich in Richards Bankkonto schaute. Er überwies mir jeden Monat fünftausend Euro auf mein Konto. Alle fixen Kosten gingen von seinem Konto ab. Die letzte Überweisung kam vor zwei Wochen von einer Softwarefirma namens New. War das die Firma, wo es um die Software Alarm Clock ging? Die Überweisungsgutschrift betrug 120.000 Euro. Wie peinlich, ich wusste noch nicht einmal, wie viel Richard im Jahr verdient. Ich schaute mir jeden Umsatz auf dem Konto an. Richard hatte noch für zwei weitere Softwarefirmen Aufträge erledigt, die Überweisungen waren höher. Während er auf Mallorca war, wurde keine Abbuchung getätigt. Vielleicht hat Richard mit seiner

Kreditkarte bezahlt? Ich schaute mir das Kreditkartenkonto an und sah, dass er auf Mallorca in einem Restaurant am Sonntag bezahlt hat. Sicher war er dort mit Rita essen. Richard, wo bist du? Warum meldest du dich nicht? Wieder versuchte ich, Richard telefonisch zu erreichen. Das Handy war aus. Meine Gedanken kreisten jede Sekunde um Richard. Noch nie in meinem Leben hatte ich solch eine Angst. Mein ganzer Körper war in Alarmbereitschaft. Ich sehnte mich danach, dass mein Handy klingelte und Richard am Telefon war. Gleichzeit, wenn mein Handy klingelte, zuckte ich so zusammen, als wenn mich ein Blitz getroffen hätte.

„Frau Lober, wir haben Neuigkeiten aus Palma." So fing das Gespräch an. Der Polizist am anderen Ende versuchte, emotionslos zu sprechen und die Dramatik, die er vielleicht auch spürte, nicht auf mich zu übertragen. „Es besteht der Verdacht, dass Ihrem Mann etwas zugestoßen ist. Wie wir erfahren haben, hat ihr Mann sich am Sonntag einen Katamaran ausgeliehen und ist damit hinaus aufs Meer gefahren, dafür gibt es Zeugen. Ihr Mann ist aber nicht zu der vereinbarten Zeit im Hafen eingelaufen, um den Katamaran zurückzugeben. Die Vermietungsfirma hat auf eigene Faust den Katamaran gesucht, aber nicht gefunden. Da es schon sehr spät abends war, hat der Besitzer entschieden, am nächsten Tag den Verlust vom Katamaran zu melden. Die

Firma hat den Personalausweis von Ihrem Mann als Pfand zu Sicherheit bekommen. Die spanische Polizei hat den Ausweis nun eingezogen. Auch das Hotelzimmer wurde versiegelt. Die persönlichen Sachen werden zu unserem Revier geschickt. Haben Sie etwas von ihrem Mann gehört?“

„Nein, habe ich nicht. Kann es sein, dass mein Mann vielleicht verletzt im Krankenhaus liegt? Ist er vielleicht vom Katamaran heruntergefallen?“

„Sehen Sie, Frau Lober, all diese Fragen stellen wir uns auch. Auch die, ob vielleicht ein Verbrechen vorliegt, denn Sie haben uns ja erst sehr spät informiert, dass Ihr Mann Drohbriefe erhalten hat. Ich werde mich bei Ihnen wieder melden, wenn ich weitere Ergebnisse habe. Frau Lober, sollten Sie irgendetwas erfahren egal, was und von wem, bitte ich Sie, uns sofort zu informieren.“

„Ja, vielen Dank.“ Ich legte einfach auf und fing hemmungslos an zu weinen. Tausend Fragen gingen durch meinen Kopf, aber das schlimmste war, dass Richard und ich uns im Streit getrennt hatten. Immer wieder hatten wir uns fest vorgenommen, nie im Streit auseinanderzugehen, und jetzt war es passiert. Ich fühlte mich wie gelähmt, ich konnte nichts machen, ich hatte nichts gegessen, getrunken oder sonst irgendwas, ich war zu nichts mehr fähig. Anke rief jeden Tag an, um sich nach mir zu erkundigen. Jeden Tag versuchte sie mir Hoffnung zu geben, sprach tröstende Worte. Bei mir kam nichts an, bis zu dem Moment, als es an der Haustür klingelte und zwei Polizisten mir mitteilten, man hätte Richard auf Mallorca gefunden. Tot.

## 4.
## Ein Leben ohne Richard

„Frau Lober, es tut mir unendlich leid, Ihnen diese Nachricht zu überbringen, wir haben Ihren Mann gefunden. Er ist, warum auch immer, vielleicht aus Unachtsamkeit, vielleicht bei einem Wendemanöver, ins Meer gefallen. Ich kann es Ihnen leider nicht ersparen, Ihren Mann in der Gerichtsmedizin in Montreux zu identifizieren. Wir gehen davon aus, dass er heute überführt wird und wir Sie morgen dorthin begleiten können. Frau Lober, bitte setzen Sie sich doch hin. Frau Lober?“

Ich hörte, was der Polizist gesagt hatte, ich begriff es einfach nicht. In meinem Ohr hallte es wider: Richard, mein Richard, ist tot. Es kann nicht sein. Es darf nicht sein. Wie soll ich leben ohne Richard?

Ich spürte, wie jemand mich unterhakte und sanft ins Wohnzimmer schob. Ich setzte mich auf das Sofa. Ich wurde zugedeckt. Danach wurde es dunkel um mich herum.

Als ich erwachte, saß Anke an meinem Bett. „Hallo Yella, wie fühlst du dich?“

Ich versuchte, mich zu erinnern, ich spürte eine Nadel in meinem Arm, mein Kopf dröhnte. Ich schloss die Augen.

„Yella, bitte komm zu dir, ich helfe dir dabei, bitte öffne langsam deine Augen, sieh mich bitte an. Ich bin es, Anke.“

„Anke? Es ist kein Traum, du bist in Montreux bei uns? Nein, Richard ist ja tot. Anke, bitte hilf mir!“

„Ja, meine liebe Yella, deshalb bin ich ja da. Hast du Durst? Oder Hunger?“

„Nein, nur Durst“, antwortete ich mit zaghafter Stimme. Wie lange habe ich geschlafen?“

„Nachdem dir der Arzt eine Spritze gegeben hat, hast du 24 Stunden geschlafen. Komm, ich helfe dir, dich aufzusetzen. Lass dir Zeit, meine Liebe.“

Ich setzte mich aufrecht hin und spürte, wie schwach sich mein Körper anfühlte. Meine Hände waren weiß und fühlten sich irgendwie taub an, von meinen zittrigen Beinen ganz zu schweigen, auch mein Magen fühlte sich flau an. Ich berichtete Anke mit wenigen Worten, dass man Richard aus dem Meer geborgen hatte und ich ihn identifizieren sollte. Ich erzählte Anke nun auch die Geschichte mit dem Wecker, die Drohbriefe und vor allem unsere letzten Tage auf Mallorca. Anke hörte einfach nur zu, ohne jeglichen Kommentar abzugeben. Still nahm sie mich in den Arm.

„Begleitest du mich zur Gerichtsmedizin?“

„Wenn das dein Wunsch ist, komme ich mit.“

Nach Absprache mit der Polizei begleitete mich Anke am nächsten Tag zur Gerichtsmedizin. Ich bat darum, als Erstes allein mit Richard zu sein. Die Gerichtsmedizinerin nahm ganz vorsichtig das Laken vom Gesicht, vorher sagte sie noch: „Bitte erschrecken Sie nicht. Ihr Mann lag vier Tage im Wasser und wurde gegen die Küstenfelsen gedrückt.“

Ich nickte. Ja, das war Richard! Die hohen Wangenknochen, die leicht ergrauten Schläfen, der Mund, der mich unzählige Mal schon geküsst hat. Ich streichelte Richard an der rechten Wange, die linke Seite war aufgerissen uns sehr zerkratzt. Die Augen waren geschlossen. Nie mehr würde er mich mit seinen blauen Augen ansehen. Nie mehr mit seinen zarten Händen streicheln. Nie, nie mehr.

Anke und ein Polizist kamen langsam mit der Medizinerin wieder in den Raum. Beide schauten Richard an, bevor das Laken sein Gesicht wieder verhüllte. Anke legte ihren Arm um mich. Als wir gerade den Raum verlassen wollten, sagte der Polizist, er hätte die persönlichen Dinge aus dem Hotel mitgebracht. Eine Pamela vom Hotel von Mallorca hätte die Sachen verpackt. Der Leichnam sei nun zur Beisetzung freigegeben. Es war ein Unfall mit Todesfolge. Die Polizeiakte wurde geschlossen.

Ich war so dankbar, dass Anke mir beistand, ohne sie hätte ich das alles nicht geschafft.

„Yella, wo möchtest du Richard beisetzen lassen?“

„Keine Ahnung, wir haben nie darüber gesprochen, auch nicht darüber, ob er lieber eine Feuer-

oder Erdbestattung möchte. Oder eine Seebestattung …“

„Kannst du dir vorstellen, nach Berlin zu ziehen? Wenn ja, wäre es nicht besser, Richard dann in Berlin zu beerdigen?“

„Warum reden wir darüber nicht, wenn wir es selbst bestimmen können und nicht alles auf die Hinterbliebenen abwälzen müssen?“, wunderte ich mich selbst.

„Anke“, sagte ich feierlich. „Wenn ich einmal sterben sollte, ich möchte, dass meine Asche auf dem Genfer See verstreut wird. Dann braucht keiner meine Grabpflege zu übernehmen und ich kann immer die Schweizer Alpen sehen, die Musik von Freddy Mercury hören, wenn Festival ist, und ich sehe immer das Schloss Chillon. Ich glaube, Richard wäre das egal, wo seine Asche ist. Ich brauch’ keine Grabstelle, um an einen Toten zu denken.“

„Das heißt, du hast dich entschieden, Yella?“

„Ja, wenn ich mir das richtig überlege, passt es. Richard liebte Segeln, liebte den Genfer See und ist im Wasser gestorben. Also soll er auch hier bestattet werden.“

Anke stand auf, nahm mich wortlos in den Arm.

Der Bestatter war ein sehr einfühlsamer junger Mann, ich teilte ihm meine Entscheidung, Richard auf dem Genfer See bestatten zu lassen, mit. Da er selbst in Montreux ansässig war, konnte er mich gut verstehen. Ich hatte noch nie einen Nachlass abgewickelt. Ich bat den Bestatter, auch alle Formalitäten für mich abzuwickeln. Ich gab ihm den Personalausweis, Kontoauszüge, Identitätsnummer, Steuernummer und unseren Versicherungsordner. Bei den Versicherungen stutzte Herr Egli. „Frau Lober, kann das sein, dass Ihr verstorbener Mann die Lebensversicherung erst vor sechs Wochen erhöht hat? Warum hat er das getan?“

„Wieso … ich verstehe nicht“, antwortete ich wahrheitsgemäß.

„Wenn ich das richtig sehe, wurde die Lebensversicherung von Ihrem Mann vor sechs Wochen von einer Million auf zwei Millionen erhöht, da er verunglückt ist, verdoppelt sich die Summe auf vier Millionen Euro für Sie als Begünstigte.“

„Heißt das, ich bekomme für den Tod von Richard vier Millionen Euro?“

„Ihr Mann hat Sie ausgezeichnet abgesichert, das muss ich schon sagen! Dann werde ich mal der Versicherung die freudige Nachricht übermitteln“, antwortete Herr Egli sarkastisch. „Ich habe bei den Versicherungsunterlagen noch einen Briefumschlag gefunden, mit Ihrem Namen darauf. Bitte, Frau Lober, ich denke, das sind persönliche Worte, an Sie gerichtet. Sollten Sie sonst noch Fragen haben oder auch Unterlagen finden, mit denen Sie nichts anfangen können, lassen Sie es mich wissen.“

Mit diesen Worten übergab mir Herr Egli fast feierlich einen braunen Din-A5-Umschlag, wo nur Yella geschrieben stand. Ich erkannte Richards schöne Handschrift sofort. Er als Mann hatte eine viel feinere Schrift als ich. Wir hatten oft darüber gewitzelt, warum ich nicht in einem Schönschreibkurs war.

Anke zog sich diskret zurück und kochte uns eine Tasse Kaffee. Ich nahm den Umschlag mit hinaus auf unsere Terrasse und setzte mich in meinem Liegestuhl. Vorsichtig öffnete ich den Umschlag. Früher hätte ich ihn einfach aufgerissen, aber irgendwie war der Umschlag jetzt schon etwas Besonderes für mich, auch wenn ich über den Inhalt noch nichts wusste. Ich roch sogar an dem Umschlag, aber er roch nur nach dem Laschenkleber. Ich zog den Brief langsam heraus und begann laut zu lesen.

Liebe Yella,
ich hoffe, es sind noch viele, schöne Jahre vergangen, bevor du diesen Umschlag öffnest. Ich habe diesen Brief geschrieben, nachdem du mich in Rom angerufen und von dem Paket mit dem roten Wecker erzählt hast. Kannst du dich noch daran erinnern? Ich habe dir zuvor schon in Berlin von der Firma erzählt, für die ich gearbeitet habe. Ich habe eine Software entwickelt, die „Alarm Clock" heißt. Bei der Software handelt es sich um eine soge-

nannte Spionagesoftware. Die Firma hat mir zugesichert, die Software nur für bestimmte Zwecke einzusetzen, und als ich bemerkte, dass die Software mehr Schaden als Nutzen anrichtet, habe ich versucht, den Schaden zu begrenzen, und habe Fehler in die Software programmiert, sodass ein herkömmliches Virenprogramm schon den Anwender schützt. Ab da bekam ich Drohbriefe, ich wurde wegen Geldwäsche angezeigt und noch vieles mehr. Yella, wenn du den Brief liest, bin ich tot!?
Ich habe die Versicherung erhöht, damit du ein sorgenfreies Leben führen kannst. Ich bitte dich, glaub mir, wenn ich nicht eines natürlichen Todes gestorben bin, wurde ich umgebracht!?
Ich würde mir nie das Leben nehmen.
Yella, ich hänge am LEBEN!
Meine geliebte Yella, lebe dein Leben, du hast nur eins. Sei wachsam.

In Liebe, dein Richard

## 5.
## Lebe dein Leben

Ich las den Brief keine Ahnung wie oft. „Lebe dein Leben." leichter gesagt als getan.

Die Seebestattung fand im engsten Freundeskreis statt. Auf eine Todesanzeige in der Zeitung verzichtete ich, die Nachbarn wussten es entweder von mir selbst oder durch „einer sagts dem anderen".

Es waren zwei Männer am Schiffsanleger anwesend, die ich nicht kannte. Die beiden mussten aber am Steg bleiben, weil das Boot ja nur für zehn Personen gemietet wurde. Vielleicht hatten sie eine Beileidskarte abgegeben, dann konnte ich mich auch für die Anteilnahme bedanken. Ankes Familie kam auch, um an der Seebestattung teilzunehmen. Ich war ihr so dankbar für alles. Tim lockerte mit seinen naiven Fragen und Sicht auf bestimmte Dinge die Trauer immer wieder auf.

Als die Asche von Richard in den Genfer See verstreut wurde, fragte Tim seine Mama Anke, ob er anschließend in den See springen dürfte, dann hätte er auch etwas von Onkel Richard am Körper. Nach der Seebestattung gingen wir in unser Lieblingsrestaurant und aßen zu Mittag. Auch dort sorgte Tim für Gelächter. Als die Rosmarinkartoffeln auf dem Tisch standen, rümpfte er kurz die Nase und sprach: „Warum haben die denn Tannennadeln auf die Kartoffeln gemacht? Die esse ich aber nicht."

Ich weiß nicht genau, wie, aber der Tag ging vorbei und dadurch, dass ich nur von lieben Menschen umgeben war, konnte ich den Tag überstehen. Am nächsten Morgen reiste Anke mit ihrer Familie wieder nach Hause. Der Abschied fiel mir schwer. Ich versprach Anke, darüber nachzudenken, nach Berlin zu ziehen. Ich selbst hatte ja auch Richard gebeten, mit mir nach Berlin zu ziehen. Aber kommt Zeit, kommt Rat, hoffte ich. Ich beschloss, als Erstes die Beileidskarten zu lesen, um mir einen Überblick zu verschaffen, wer alles eine Danksagung bekommen würde. Ich war erstaunt, wie viele Freunde rührende Worte fanden, ich wurde beim Lesen aber immer wieder von Weinkrämpfen geschüttelt.

Eine Karte war von der Softwarefirma aus Berlin, die Richard erwähnt hatte. Eine andere Karte war von der Lebensversicherung, mit dem Hinweis, ein Herr Renz würde mit mir in den nächsten Tagen Kontakt aufnehmen. Bei allen anderen Karten kannte ich die Personen. Blieben nur noch die beiden Männer vom Steg. Das ausgelegte Kondolenzbuch am Steg gab auch keinen weiteren Hinweis darauf, wer die Männer waren. Das Kondolenzbuch stimmte mit den Karten überein.

Ich sagte dem Bestatter Herrn Egli Bescheid und ließ zehn Danksagungen drucken. Herr Egli war mir in dieser Zeit wirklich eine Hilfe, er beantragte Witwenrente, bereitete mich aber schonend vor, dass die nicht so hoch ausfallen würde, weil da Richard bei der freiwilligen Zahlung wohl gespart hatte durch seine Selbstständigkeit, schaute sich unsere Unterhaltungskosten vom Haus an und erklärte mir, dass ich von den vier Millionen Lebensversicherung leben müsste, weil die monatliche Witwenrente bei Weitem nicht reichen würde. Aber selbst, wenn ich mir weiterhin von den vier Millionen jeden Monat 5000 Euro zum Leben nehmen würde, waren das im Jahr 60.000 Euro und in zehn Jahren 600.000 Euro. Das sollte doch problemlos reichen. Das Haus gehörte uns, nein mir ja nur noch.

Herr Egli fragte, warum sich Richard seine Kapitallebensversicherung mit so viel Verlust hatte auszahlen lassen.

„Hm, welche Kapitallebensversicherung?“, fragte ich.

„Ihr Mann hatte eine Kapitallebensversicherung, die er mit Verlust gekündigt hat, aber immerhin hat er noch zwei Millionen bekommen.“

„Auf welches Konto ist denn das Geld gegangen? Ich habe doch noch vor ein paar Tagen erst unsere Geldeingänge und -ausgänge geprüft.“

„Das Geld wurde nach Bangkok gebucht.“

„Wie? Das kann ja nicht sein? Wann war denn das?“

„Gekündigt wurde der Vertrag am 14. Juni. Überwiesen nach Thailand wurde das Geld vier Wochen später.“

„Auf den Namen meines Mannes?“

„Nein, das hat mich auch gewundert, aber ich dachte, vielleicht haben Sie Freunde oder Geschäftspartner in Thailand?“

„Nicht dass ich wüsste.“

„Können Sie mir den Namen und die Kontonummer besorgen?“

„Ja, klar, Frau Lober.“ Herr Egli versprach, sich zu melden, sobald er das herausgesucht hatte. Hatte Richard Geldsorgen, oder warum hat er die Kapitallebensversicherung gekündigt? Konnte ja auch nicht sein, sonst hätte er das Geld doch auf unser Konto überwiesen! Mir wurde schwindelig. Was, wenn er um diese Summe erpresst wurde und aus diesem Grund das Geld nach Thailand überwiesen hatte. Quatsch, bei einer Erpressung würde doch Bargeld ausgetauscht, oder?

Ich goss mir ein Glas Rotwein ein und überlegte, was nun aus mir werden sollte. Sollte ich das Haus doch verkaufen? Eigentlich war es für zwei Personen schon zu groß gewesen. Was sollte ich denn alleine damit? Fragen über Fragen und noch keine Antworten.

Zwei Tage später klingelte es an der Tür

„Guten Tag, Frau Lober, mein Name ist Maurice Renz, ich komme von der Versicherungsagentur. Ich hatte mich ja schon auf der Beileidskarte für Ihren Mann angekündigt. Darf ich hereinkommen?“

„Ja, bitte. Nehmen Sie doch Platz.“

Ich bot Herrn Renz einen Platz am Esszimmertisch an und setzte mich ihm gegenüber. Herr Renz war, so schätze ich, zwischen 48 und 54 Jahre alt. Schwarzes, volles Haar, irgendwie sah er ein wenig spanisch aus, fand ich. Er war ca. 185 cm groß und schlank. Er trug eine blaue Stoffhose, dazu ein leicht roséfarbendes Hemd. Es stand ihm ausgezeichnet, weil er leicht gebräunt war. Das markanteste Merkmal waren aber seine hellblauen Augen bei so einem südländischen Typ.

Herr Renz bemerkte, dass ich ihn betrachtete und lächelte mich an. „Bevor Sie mich gleich fragen, nein, ich bin kein Spanier. Ich bin Schweizer."

Ich lächelte zurück und sagte: „Na, dann haben wir das ja schon mal geklärt. Was kann ich denn für Sie tun, Herr Renz?"

„Ich mag es, wenn Menschen gleich auf den Punkt kommen. Als Erstes möchte ich Ihnen mein Beileid noch mal persönlich ausdrücken, Frau Lober. Es ist sicher gerade eine schwierige Zeit für Sie. Bitte haben Sie Verständnis dafür, dass wir, bevor wir vier Millionen Euro aus einer Lebensversicherung auszahlen, uns erst einmal mit den Hinterbliebenen und eventuell mit der Polizei unterhalten. Ihr Mann ist ziemlich schnell nach der Erhöhung der Lebensversicherung ums Leben gekommen. Wo waren Sie, als Ihr Mann segeln ging? Verbringen Sie den Urlaub nicht gemeinsam?"

Ich musste erst einmal tief Luft holen, bevor ich überhaupt ein Wort herausbekam. „Sind Sie immer so unhöflich und taktlos? Oder haben Sie nur einen schlechten Tag?“

„Entschuldigen Sie bitte, Frau Lober, da war ich in der Tat wohl unhöflich. Beantworten Sie mir dennoch die Fragen?“

„Ja, ich habe nichts zu verbergen. Möchten Sie vielleicht vor der Antwort einen Kaffee oder ein Glas Wasser?“

„Stilles Wasser, bitte.“

Ich reichte ihm das Wasser und fing wahrheitsgemäß an zu erzählen. Alles vom Wecker bis zu unserem Streit auf Mallorca wegen der Finca. Am Ende meiner Erzählung schaute mich Herr Renz stumm an. „Ich danke Ihnen für Ihre Offenheit, Frau Lober. Wissen Sie auch von der Kapitallebensversicherung?“

„Ja und nein“, antwortete ich. „Der Bestatter Herr Egli hat es mir erzählt, auch dass der Betrag nach Bangkok überwiesen wurde. Nur den Empfänger weiß ich nicht.“

„Frau Lober, halten Sie es für möglich, dass Ihr Mann umgebracht wurde?“

„Ich weiß es nicht! Warum sollte das jemand machen?“

„Na ja, Sie sagten ja selber, dass Ihr Mann Drohbriefe bekam.“

„Zwischen drohen und morden ist doch aber noch ein weiter Weg, oder, Herr Renz?“

„Sicher, Frau Lober, ich werde noch den Polizeibericht und den Bericht von der Gerichtsmedizin anfordern. Sollten Sie in der Zwischenzeit irgendetwas erfahren, dann seien Sie doch bitte so nett und informieren mich, Frau Lober?“

„Ja, ich habe nichts zu verbergen.“

„Frau Lober, werden Sie hier wohnen bleiben?“

Auch darüber werde ich nachdenken müssen. Um ehrlich zu sein, ich weiß es noch nicht.“

„Frau Lober, ich melde mich wieder bei Ihnen.“ Herr Renz reichte mir seine leicht feuchte Hand und schaute mir tief in die Augen. Ich hielt dem Blick stand. Sicher war das nur eine ausgeklügelte Taktik von ihm, um zu sehen, ob man dem Augenkontakt ausweicht. Nicht mit mir, Herr Renz, dachte ich. Dennoch belastete mich das alles sehr.

Die nächsten 14 Tage verbrachte ich damit, Richards Garderobe zu den Caritas-Einrichtungen zu bringen. Ich sah in jede Hose, in jedes Jackett, selbst die Schuhe untersuchte ich akribisch. Was ich suchte, wusste ich selber nicht.

Das Einzige, wovon ich mich nicht trennen konnte, war Richards Aftershave. Das ließ ich offen im Badezimmer stehen um jedes Mal, wenn ich das Bad betrat, seinen Geruch wahrzunehmen. Es roch nach Sandelholz, Myrrhe und Eichenmoos. Als alles ausgeräumt war, fühlte ich mich leer und ausgebrannt. Es war eine Mischung aus schlechtem Gewissen und der Gewissheit es tun zu müssen, um weiterleben zu können. Um mich abzulenken, rief ich an diesem Nachmittag Herrn Egli, den Bestatter an, um zu erfahren, an wen die Kapitallebensversicherung ausgezahlt wurde. Herr Egli, so hatte ich das Gefühl, wollte mir das nicht so gerne mitteilen. Erst auf Nachfrage erzählte er mir, dass das Geld mit Western Union an eine Softwarefirma mit dem Namen „Save“ überwiesen wurde. Die Abholung wurde mit einer Vollmacht getätigt. Als ich nach dem Firmengründer und Inhaber fragte, wusste ich, warum Herr Egli sich so komisch verhalten hatte. Richard gehörte die Firma. Ich verstand überhaupt nichts mehr und war sauer auf Richard. Warum hatte er über nichts mit mir geredet? Die Auszahlung war rechtens. Ich konnte das Geld nicht zurückfordern. Richard hatte notariell vorgesorgt.

## 6.
## Aufbruch

„Hallo Anke, wie schön, dass du anrufst. Wie geht es dir? Ist bei euch alles in Ordnung?“

„Langsam Yella, langsam, das sind ja drei Fragen auf einmal“, lachte Anke. „Nun, zu deiner Beruhigung, ja es ist alles in Ordnung, Tim ist gesund und frech, mein Mann hat zu wenig Zeit für mich, ich vermisse dich! Aber sonst ist alles okay. So, meine Liebe, wie geht es dir? Du lebst nun ja schon seit einigen Monaten völlig alleine in dem großen Haus! Kommst du finanziell und emotional zurecht?“

„Ja, Anke, ich habe mich an mein Leben etwas gewöhnt. Hey, das Neuste weißt du noch gar nicht, ich habe einen kleinen Minijob angenommen, ich arbeite jetzt bei der Caritas, wo ich Richards ganze Garderobe abgegeben habe. Der Job macht mir Spaß, ich bin unter Leuten! Einmal pro Woche. Immer mittwochs!“

„Das klingt nach Abwechslung, und sonst?“

„Ich treffe mich jetzt einmal die Woche mit meiner Freundin Gabi zum Essen oder wir gehen ins Kino oder shoppen, was Freundinnen ebenso machen. Stell dir vor, in der Nähe von Gabi wird ein kleines Haus verkauft, ich beabsichtige, es mir morgen mit Gabi anzusehen. Vielleicht wäre das etwas für mich?“

„Oh Yella, ich drücke dir die Daumen, das wäre ja superschön. Ruf mich gleich an, wenn du es kaufst. Ich komme dann zu dir und helfe dir beim Umzug."

„Jetzt machst du aber mal langsam", lachte ich. „Versprochen, ich rufe dich an."

Gut gelaunt beendete ich das Gespräch. Komisch, dachte ich, als ich das Exposé zur Hand nahm, vor Monaten begann damit die Katastrophe, vielleicht bedeutet es diesmal einen Neuanfang für mich. Ich las laut vor: „Auf den Höhen der Altstadt von Montreux in einer ruhigen, grünen Umgebung gelegen, wird Sie diese auf zwei Ebenen verteilte Villa mit ihrem Blick auf den See und die Berge verzaubern. 160 Quadratmeter bewohnbar, 780 Quadratmeter Grundstück mit einer kleinen Terrasse von 40 Quadratmetern. Da es sich bei diesem Haus um Hanglage handelt, ist der Garten nur mit blühenden Pflanzen und Sträuchern angelegt worden."

Die beigefügten Bilder waren sehr ansprechend.

Pünktlich holte ich Gabi ab und wir trafen uns mit der Maklerin direkt vor dem Haus. Das Haus war in einem leichten Apricot gestrichen. Es handelt sich bei dem Haus um ein Flachdach-Haus. Das Dach war begrünt und passte sich hervorragend in die Natur ein. Ich fing im Stillen schon an zu schwärmen. Gabi hielt sich mit ihrer Meinung dezent zurück.

Als wir das Wohnzimmer betraten, war es mit meiner Beherrschung vorbei, ich sagte „oh wie nice, beautiful, very nice.“

Gabi stupste mir in die Seite und gab mir damit zu verstehen mich zurückzuhalten, wenn ich nicht den geforderten Kaufpreis bezahlen möchte. Was ich sah, übertraf all meine Erwartungen. Ein riesengroßes bodentiefes Panoramafenster mit dem von mir geliebten Blick auf die Berge und den See! Gegenüber ein kleiner Kaminofen. Zwischen Wohnzimmer und Esszimmer befand sich ein Rundbogen aus weißen, groben Steinen. Die Einrichtung war im Landhausstil und nicht so modern, wie Richard und ich eingerichtet waren. Die Küche war ebenfalls weiß. Das Schlafzimmer hatte auch ein großes Fenster mit Blick auf den Genfer See. Die Wandfarbe Gelb gefiel mir gar nicht. Das war aber nicht wichtig. Ich würde mir die Räume, wenn ich denn das Glück haben sollte, die Immobilie kaufen zu können, schon gemütlich machen. Ein weiteres Highlight gab es auf der Terrasse: einen Whirlpool.

„Den können Sie im Sommer als Pool und im Winter, wenn er auf 38 Grad erwärmt ist, benutzen.“ Die Immobilienmaklerin verstand ihr Geschäft. Sie wusste genau die Vorteile von dem hübschen Haus in Szene zu setzen. Ich war leider nicht in der Lage, meine Freude für mich zu behalten. Also fragte ich frei heraus, ob der Kaufpreis noch verhandelbar sei.

Prompt setzte Frau Link ihr charmantes Lächeln auf und teilte mir mit, dass das ein hervorragender Preis sei und diese Immobilie ihr aus der Hand gerissen wird. Ich hätte nur Glück, dass ich die Erste sei, die dieses Schmuckstück besichtigt. Bedauerlicherweise könnte sie mir dieses Haus auch nicht reservieren, denn, wie zuvor erwähnt, dieses Haus verkaufe sich von selbst. Ich schaute Gabi über den Kopf von Frau Link an und sah, wie sie lachte und ihren Daumen nach oben hielt.

„Ja, Frau Link, dann bereiten Sie bitte den Kaufvertrag vor, ich möchte das Haus kaufen."

„Frau Lober, ich gratuliere Ihnen zu dieser Entscheidung. Ich werde alles vorbereiten und mich bei Ihnen melden."

Gabi öffnete ihre Handtasche und zauberte eine kleine Flasche Prosecco und drei Gläser heraus.

„Woher wusstest du, dass ich dieses Haus kaufe?", fragte ich.

„Ich wusste es nicht, aber ich habe es mir ganz doll gewünscht, dass du hier in Montreux wohnen bleibst." So stießen wir drei auf mein neues Zuhause in Montreux an.

## 7.
## Die Entscheidung

Anke freute sich mit mir, als ich ihr am Abend, telefonisch von meinem Hauskauf in Montreux erzählte. Auch wenn sie ein wenig traurig war, konnte sie meine Entscheidung für Montreux verstehen. Als ich ihr mitteilte, dass ich schon am ersten Oktober umziehen möchte, bot sie mir sofort ihre Hilfe an. Ich fand das total lieb von ihr, aber ich hatte mich schon längst für einen Umzugsservice entschieden. Mein altes Haus sollte Frau Link, die Immobilienmaklerin, verkaufen, so hatte ich auch ein paar Tausender gespart, erklärte ich Anke. Obwohl, sparen musste ich ja nicht, aber es war halt eine Angewohnheit von mir.

Anke lachte und sagte: „Du warst halt schon immer ein kleiner Sparfuchs."

Gut gelaunt verabschiedeten wir uns.

Nachdem der notarielle Teil des Hauskaufs abgeschlossen war, begann ich mir zu überlegen, welche Möbel ich mitnehmen und welche ich neu kaufen wollte. Es lenkte mich von der Trauer um Richard etwas ab, mich mit anderen Dingen zu beschäftigen. Ich schaute mich im Internet um und besuchte mit Gabi Antiquitätenhändler. Ich bestellte mir für mein neues Schlafzimmer, welches ja noch gelb war und nach meinem Einzug ein zartes Altrosa erhalten sollte, ein neues stoffbezogenes Bett im leichten Grauton. Passend dazu erstand ich beim Antiquitätenhändler eine alte Kommode in Mooreiche, diese sollte aber auch erst nach dem ersten Oktober geliefert werden, damit sie beim Umzug nicht im Weg stand. Mit den Accessoires wollte ich mir Zeit lassen, bis nach dem Einzug.

Eine weitere Baustelle war die Versicherung, die immer noch nicht die Lebensversicherung ausgezahlt hatte. Also bat ich Herrn Maurice Renz um einen Termin. Wir verabredeten uns für den 26. August bei mir zu Hause.

„Guten Tag, Frau Lober, Sie sehen bezaubernd aus, wenn ich das so frei heraussagen darf?"

„Dürfen Sie, Herr Renz, auch ich gehöre zu den Frauen, die gerne Komplimente hören. Bitte setzen Sie sich doch."

Ich bat Herrn Renz einen Platz im Esszimmer an. Es war zwar auch schön auf unserer, meiner Terrasse, aber, ich entschied mich für das Esszimmer. Ich kam gleich zur Sache und fragte direkt, warum die Lebensversicherung immer noch nicht ausgezahlt worden war. Bevor Herr Renz sich zu einer Antwort bequemte, sah er sich in aller Ruhe um, rutsche erneut auf seinem Stuhl hin und her, trank einen Schluck vom Wasser, welches ich ihm angeboten hatte, und antwortete mit sehr leiser Stimme: „Sehen Sie, Frau Lober, die Versicherung muss sich erst ganz sicher sein, dass der Tod von Ihrem Mann … na ja, wie soll ich Ihnen das sagen, ohne dass ich Sie verletze?“

„Immer geraderaus“, antwortete ich.

„… kein Selbstmord oder Mord war. Bei Selbstmord würde die Versicherung gar nicht bezahlen und bei Mord nur die Hälfte.“

Ich unterbrach Herrn Renz mitten im Satz. „Herr Renz die Polizei hat ganz klar von einem Unfall auf dem Katamaran gesprochen. Mein Mann war alleine an Bord.“

„Ja, das stimmt, aber wenn ein Versicherungsnehmer sechs Wochen vor seinem Tod die LV verdoppelt, finden Sie das nicht auch merkwürdig?“

„Nein, finde ich nicht, schließlich fühlte mein Mann sich ja auch bedroht. Das wissen Sie doch auch von der Polizei. Für die gibt es überhaupt keine Zweifel, dass es ein Unfall war. Ich habe meinen Mann gesehen, als Leiche.“

Plötzlich erfasste mich ein tiefes Schluchzen, ich hatte nicht vorgehabt zu weinen, ich wollte doch stark sein. Herr Renz erhob sich von seinem Stuhl und reichte mir ein Taschentuch. „Entschuldigen Sie bitte, ich wollte Ihnen nicht wehtun, aber ich bin auch nur angestellt bei der Versicherung und mache einen Job, indem ich Ermittlungen anstellen und überprüfen muss.“

„Danke, Herr Renz“, schniefte ich mehr, als dass ich sprach. „Mein Mann hätte sich nie das Leben genommen, es war doch nur ein beschissener Unfall mit Todesfolge laut Polizeibericht.“

Herr Renz stand vor mir, seine Hand ruhte immer noch auf meiner Schulter.

„Herr Renz, ich bin mir nicht sicher, ob ich Ihnen als Beweis den letzten Brief von meinem Mann zeigen soll, der Bestatter Herr Egli hat ihn gefunden.“

„Ja, bitte, alles, was Ihren Mann entlasten könnte, sollte ich wissen.“

Ich stand auf, um den Brief zu holen. Mit zittrigen Händen übergab ich Herrn Renz den Brief. Als dieser die wenigen Zeilen von Richard gelesen hatte, gab er mir den Brief mit den Worten wieder: „Ich werde den Brief, wenn ich darf, abfotografieren und meinem Chef vorlegen. Yella, Ihr Mann, hat sie aufrichtig geliebt.“

„Er hat mir aber auch viel verschwiegen“, antwortete ich.

„Wir wissen auch, dass Ihr Mann Firmeninhaber von Save in Thailand war.“

„Meines Wissens ist es nicht strafbar, eine Firma im Ausland zu besitzen“, konterte ich.

„Nein, natürlich nicht. Gibt es diese Firma noch?“

„Ich glaube, es ist besser, wenn Sie nun gehen, Herr Renz, dieses Gespräch nimmt mich zu sehr mit.“

„Frau Lober, bitte entschuldigen Sie. Ich werde mich sofort mit ihnen in Verbindung setzen, wenn die Freigabe für die Auszahlung erfolgt ist.“

„Ja, machen Sie das, ich wünsche Ihnen noch einen schönen Tag."

„Ihnen auch, Yella."

Da fiel es mir auf, dass Herr Renz mich Yella genannt hat. Ach, egal.

„Guten Tag, Herr Egli, ich wollte Sie fragen, ob Sie noch etwas aus Thailand von der Firma Save gehört haben?"

„Außer die Überweisung von der Schweiz nach Thailand und die darauffolgende Abhebung durch eine Frau mit dem Namen Lin Saeli, in bar, ist nichts passiert. Frau Saeli war bei Ihrem verstorbenen Mann angestellt. Ich nehme an, Ihr verstorbener Mann wollte diese Firma erst aufbauen. Er hätte ja von überall arbeiten können. Die Steuern sind halt viel geringer als in der Schweiz, das war bestimmt der Grund. Wollen Sie denn die Firma in Thailand auflösen lassen?"

„Ich verstehe nichts von den Geschäften, insofern würde eine Auflösung Sinn machen."

„Dann beauftragen Sie bitte mit der Auflösung Ihren Steuerberater. Der wird sicher den Vertrag und die damit verbundene Abhebung auf Rechtmäßigkeit prüfen."

„Vielen Dank, Herr Egli, für Ihre gute Beratung und Abwicklung."

„Ich schicke Ihnen dann meine Abschlussrechnung zu, Frau Lober. Ich wünsche Ihnen für die Zukunft alles Gute.“

Es fühlte sich für mich an, als löschte ich den letzten Rest von Richards Leben und seiner Arbeit aus.

In Montreux war der Übergang vom Sommer zum Herbst schleichend. Morgens und abends war es nun kühler, aber am Tage kletterte die Temperatur noch auf 17 Grad. So war es auch in diesem Oktober, an meinem Umzugstag. Nicht zu warm und nicht zu kalt. Pünktlich stand der Umzugswagen vor meiner Tür und zwei kräftige Männer luden die Schränke, Kisten und Bücher in den Wagen.

Ich fuhr voraus zu meinem kleinen Häuschen, gab Anweisungen, wo alles hingestellt werden sollte. Unglaublich, nach nur fünf Stunden waren alle Möbel und Kisten an Ort und Stelle. Gabi brachte uns und den Umzugsleuten Frühstück und Bier vorbei. Wir beide setzten uns in die Sonne, auf die Terrasse, aßen Mettbrötchen, mit dicken Zwiebeln belegt, und tranken einen Secco dazu.

„Was würde ich nur ohne dich machen, liebe Gabi?“

„Na Mettbrötchen mit Zwiebeln!“

„Nein, im Ernst?“

„Bin ich doch.“

Wir lachten.

„Wo gute Laune ist, bin ich auch gerne“, sprach eine mir unbekannte Frau. „Oh, Entschuldigung, dass ich hier einfach so eindringe, aber die Türen standen alle offen und einer der Möbelpacker hat gemeint, ich solle doch einfach durchgehen auf die Terrasse. Ja, da bin ich. Mein Name ist Manuela und ich bin deine Nachbarin. Ist das ok, wenn wir uns gleich duzen?“

„Ja, ich bin Yella und das ist meine Freundin Gabi.“

„Ich habe dir etwas mitgebracht.“

Während Manuela mir einen Brotkorb mit Salz und einer Flasche Champagner überreichte, sah ich in lustige grüne Augen und in ein fast faltenfreies Gesicht, wobei ich Manuela so auf Mitte 50 geschätzt hätte, eine wohlgeformte Figur, kleiner als ich, braun-rote Haare mit einem Fransenschnitt, der einfach zu ihr passte.

„Das ist aber aufmerksam, bitte nimm doch Platz.“

„Nein, ich möchte gar nicht stören, sondern mich einfach vorstellen. Ich wohne mit meinem Mann gleich rechts von dir. Solltest du Hilfe oder Gesellschaft brauchen, bist du herzlich bei uns willkommen.“

„Gerne, ich wollte ohnehin meine Nachbarn zum Kennenlerndrink nächsten Samstag einladen. Ich freue mich auf dich und deinen Mann um 20 Uhr!“

„Prima, dann bis nächsten Samstag.“

„Yella, wie nett. Bin ich eigentlich auch eingeladen?“

„Na, klar! Keine Feier ohne Gabi. Aber nun sollten wir uns wohl wieder an die Arbeit machen und Kisten auspacken, sonst werden wir bis nächsten Samstag nicht fertig.“

Die Umzugsleute waren schon längst weg, Gabi ging auch gegen 16 Uhr, als es drei Stunden später an meiner Haustür klingelte.

„Herr Renz!“

„Hallo Yella, ich wollte es mir nicht nehmen lassen, nachdem du uns deine neue Anschrift mitgeteilt hast, dir die Blumen zum Einzug zu überreichen, und außerdem habe ich mir gedacht, an so einem hektischen Tag hast du bestimmt nicht gekocht, deshalb habe ich uns zwei Pizzen vom besten Italiener mitgebracht. Ach ja, ich heiße Maurice.“

„Ja, dann komm herein, Maurice. Ist das nun ein dienstlicher Besuch oder privat?“

„Wenn ich ganz ehrlich bin, ist der Besuch rein privat. Ich hoffe, ich störe dich nicht.“

„Nein, und ich habe außer einem Mettbrötchen auch noch nichts gegessen. Ich esse auch lieber in Gesellschaft als alleine. Möchtest du lieber drinnen oder draußen essen?“

„Wow, ist das ein schöner Ausblick!“ Maurice befand sich gerade im Wohnzimmer. „Wenn es dir recht ist, lieber draußen.“

„Danke für den wunderschönen bunten Blumenstrauß, ich mag Pastelltöne."

Ich fand auf Anhieb die richtige Vase, stellte die Blumen auf den Esstisch, nahm zwei Teller, Besteck und Gläser mit auf die Terrasse.

In der Zeit öffnete Maurice einen Merlot-Riserva aus Hallau, goss den Wein ein und prostete mir zu. „Ich hoffe, du fühlst dich von mir nicht überrumpelt? Mir ist bei meinem letzten Besuch schon immer das Du herausgerutscht, dem wollte ich heute vorbeugen", sagte Maurice grinsend. „Ich mag es eigentlich lieber, Geschäftliches und Privates zu trennen. Da die Lebensversicherung aber vor zwei Wochen überwiesen wurde, haben wir ja Geschäftliches nichts mehr abzuwickeln. Oder?"

„Nein, da hast du recht."

„Ist dir eigentlich dieser Umzug schwergefallen?"

„Nein, das alte Haus war für mich alleine zu groß und mit zu vielen Erinnerungen an Richard belastet! Hier kann ich alles alleine bewerkstelligen, ich brauche keinen Gärtner mehr, keine Reinigungshilfe, von Walter, unserem Chauffeur, musste ich mich leider trennen, dieser Umzug hat nur Vorteile. Ach ja und ich habe eine nette Nachbarin."

„Das ging aber schnell, wenn du sogar schon deine Nachbarn kennst."

Maurice lachte und zeigte dabei seine strahlenden Zähne sowie ein kleines Grübchen, welches mir erst jetzt an ihm auffiel. Heute sah er wieder besonders spanisch aus, weil er noch brauner war als an dem Tag, als wir uns das erste Mal begegnet waren. Auch heute war Maurice chic angezogen, eine dunkelblaue Leinenhose, dazu ein weißes schlichtes eng anliegendes Hemd und rote Slipper rundeten sein Outfit ab. Ich dagegen hatte eine Capri-Jeans an und ein schlichtes rotes T-Shirt.

„Darauf stoßen wir an, auf Gesundheit, Freude am Leben, Freunde und gute Nachbarn. Prötschli, wie wir Schweitzer sagen."

„Prötschli, Maurice."

„Na, hast du schon Hunger? Oder sollen wir mit der Pizza noch ein wenig warten?"

„Nein, ich bin ja schon am Verhungern, außerdem vertrage ich dann den Rotwein auch besser."

Während Maurice die Pizza auf die Teller drapierte, schaute ich ihm auf die Hände. Ob er wohl verheiratet war?

„Yella, darf ich dich etwas fragen?"

„Ja, klar."

„Warum habt … hattet ihr, du und Richard, keine Kinder?"

„Wir hätten gerne welche gehabt, aber es sollte nicht sein. Und du, Maurice? Hast du Kinder?"

„Ja, vor dir steht ein alleinerziehender Vater von einer Tochter. Mittlerweile ist meine Anna aber schon neunzehn Jahre alt. Meine Frau ist mit dem Auto vor zehn Jahren bei Glatteis tödlich verunglückt, da war Anna gerade mal neun Jahre alt. Ich kann mir also relativ gut vorstellen, wie du dich fühlst und welche Gedanken einen manchmal regelrecht überfallen."

„Das tut mir leid."

„Yella, das Leben geht weiter, wenn wir es zulassen. Ich wollte schon alleine für meine Tochter weiterleben. Natürlich kann niemand ihre Mama ersetzen, aber wir sind zu einem guten Team geworden."

„Hast du Geschwister?"

„Nein, auch nicht. Aber gute Freunde und dabei dachte ich an Anke mit Familie sowie an Gabi."

Nachdem wir die Pizza aufgegessen hatten, unterhielten wir uns noch über die heutige Musik in den Charts, womit wir beide nichts so richtig anfangen können. Wir mochten Freddy Mercury, Eric Clapton, Paul McCartney und Carly Simon.

„Oh, so spät schon? Ich habe gar nicht gemerkt, wie schnell die Zeit vergangen ist." Maurice verabschiedete sich mit den Worten: „So, liebe Yella, da ich gerne, wenn du nichts dagegen hast, wiederkommen möchte, sollte ich den ersten Besuch nicht zu lange ausdehnen. Es war ein schöner Abend, den ich gerne wiederholen würde. Darf ich dich anrufen? Deine Handynummer hat sich nicht geändert, oder?"

„Ja, gerne, Maurice, ich fand den Abend auch sehr nett. Nein, meine Handynummer ist geblieben."

„Wenn du meine handwerklichen Fähigkeiten testen möchtest, stehe ich dir natürlich gerne mit Rat und Tat zu Verfügung. Schlaf gut, Yella.“

Ich zog die Tür hinter Maurice zu. Schlaf gut, Yella. Wie lange hatte das keiner mehr zu mir gesagt? Richard fehlte mir, aber es mischte sich auch immer wieder Wut in meine Trauer. Warum hatte er so viele Geheimnisse gehabt? Ich hatte noch so viele Fragen an Richard.

Einen kleinen Augenblick saß ich noch auf der Terrasse und hing meinen Gedanken nach, bevor ich meine erste Nacht in meinem neuen Haus, in meinem neuen Bett, verbrachte.

## 8.
## Der Anruf

Meine Einweihungsparty oder auch Kennenlernparty waren ein voller Erfolg. So viele nette Nachbarn. Manuela und ihr Mann Hubert halfen mir bei dem Fest nicht nur mit guten Ratschlägen, sondern Hubert packte gleich ordentlich mit an. Er wurde an diesem Abend zum Master of the Grill befördert. Manuela hatte die Angewohnheit ihren Mann so zu rufen wie Carmen Geiss, nur dass Manuelas Mann Hubert hieß. Klang aber genauso.

„Huuuubert, wo bleiben die Bratwürste?"

„Kooooommen", antwortete Hubert. Hubert war ein kleiner untersetzter Mann, aber mit einem lieben Grinsen im Gesicht. Er sah viel älter aus als Manuela. Gabi, die natürlich nach wie vor bei dieser Feier nicht fehlen durfte, lachte genau so viel wie ich an diesem Abend. Es herrschte eine ausgelassene und fröhliche Stimmung bis zu dem Moment, wo mein Handy klingelte und ich ohne auf das Display zu schauen das Gespräch annahm. „Hallo? Wer ist denn da?"

Ein Schauer zog durch meinen Körper.

„Hallo? Wenn Sie sich nicht melden, lege ich einfach auf!"

Ich drückte den roten Hörer und beendete damit das Gespräch. Meine Hände fingen an zu zittern,

Tränen liefen mir über mein Gesicht. Wer erlaubt sich so einen Scherz?

„Yella, Schatz, was ist denn los?“, fragte Gabi.

„Ach, nichts, ich musste nur gerade an Richard denken und da kamen mir wohl einfach die Tränen.“

„Du hast doch aber gerade telefoniert? Hast du eine schlechte Nachricht erhalten?“

„Was, wie bitte? Nein … ich … es geht gleich wieder.“

„Yella was ist los? Irgendetwas bedrückt dich doch? Hey, ich bin deine Freundin, schon vergessen?“

„Gabi, bitte lass es gut sein. Hast du ein Taschentuch für mich?“

Ohne ein Wort gab Gabi mir das Taschentuch und nahm mich in den Arm. Als alle Gäste gegangen waren, nahm ich mein Handy in die Hand und schaute mir die letzten Anrufe an. Ich kannte die Nummer nicht. Ich schrieb sie auf meinen kleinen Notizblock und versuchte über Google, die Nummer zurückzuverfolgen. Leider ohne Erfolg. „So ein Mist“, schimpfte ich. Mit klopfenden Herzen wählte ich die Nummer.

„Diese Nummer ist leider nicht vergeben“, sprach eine Computerstimme.

„Was nun?“, fragte ich mich selbst. Wem konnte ich erzählen, dass ich so ein Gefühl hatte, als wenn mein toter Mann Richard mich am Tag meiner Einweihungsfeier anruft. Aus dem Jenseits? Wohl eher nicht! Warum hatte ich so ein Gefühl? Ich vermisste Richard so sehr. Die zärtlichen Umarmungen, die Küsse, mal zärtlich, dann wieder leidenschaftlich. Der Gutenachtkuss. Seine Stimme am Telefon. Wahrscheinlich hatte sich nur jemand verwählt und mein Wunsch, dass es Richard am Handy war, war einfach übermächtig. Deshalb die Tränen. Sofort kamen die Bilder aus der Gerichtsmedizin wieder hoch, die ich verdrängen wollte. Richard mit sehr zerkratzter linker Wange und geschlossenen Augen. Nein, diese Bilder wollte ich nicht zulassen. Ich atmete tief durch und versuchte, mich wieder zu beruhigen. Ich wollte gerade ins Badezimmer gehen, um mich abzuschminken, als mein Handy erneut klingelte. Es war eine andere Telefonnummer.

„Hallo? Wer ist da?", fragte ich einen Ton zu unhöflich.

„Guten Abend, Yella. Ich wollte dich fragen, wie dein Abend mit deinen neuen Nachbarn gelaufen ist. Oder ist es für so ein Anruf schon zu spät, dann entschuldige bitte. Yella, bist du noch dran?"

„Oh, Maurice, ich bin noch dran. Entschuldige, ich war gerade mit meinen Gedanken ganz woanders. Ja, es war ein wunderschöner Abend und ich habe sympathische Nachbarn und viel gelacht."

„Das freut mich, Yella, weshalb ich dich anrufe. Hast du morgen etwas Zeit oder hast du schon etwas Aufregendes vor?“

„Nein, ich habe nichts vor.“

„Dann hole ich dich morgen, oh, es ist schon weit nach Mitternacht, um 14 Uhr bei dir zu Hause ab. Bitte zieh dir eine Hose an, flache Schuhe und nimm dir vorsichtshalber eine Jacke mit.“

„Was hast du mit mir vor?“, fragte ich lachend.

„Das verrate ich dir nicht. Bis morgen. Ich freue mich.“

„Ich mich auch, Maurice.“

Pünktlich um 14 Uhr holte mich Maurice mit seinem silberfarbenen Mercedes-Maybach ab. Wir fuhren direkt zum Hafen von Montreux und gingen auf ein Segelschiff. „Ich hoffe, du hast keine Angst, mit mir zu segeln?“

Für diese Frage ist es ein bisschen zu spät, findest du nicht?“

„Hm, Yella, da hast du wohl recht! Ich bin davon ausgegangen, dass du sicher mit Richard auch segeln gegangen bist, oder? Dann dürfte dir das ja nicht fremd sein.“

„Du irrst dich. Ich war mit Richard nur einmal segeln, das war in unserem Karibikurlaub, auf einem Katamaran. Das ist aber auch schon Jahre her.“

„Ich dachte, Richards Hobby sei segeln gewesen.“

„Maurice, warum stellst du mir solche Fragen?“

„Entschuldige, auch wenn der Fall offiziell abgeschlossen ist, beschäftigen mich immer noch die Umstände und der Tod von Richard.“

„Ist das der Grund, warum du mit mir segeln gehst, um mich auszuhorchen? Oder um etwas von Richard über mich zu erfahren?“

„Nein, ganz bestimmt nicht. Nein, wirklich nicht!“

„Wenn das so wäre, würde ich dich umgehend bitten, mich sofort nach Hause zu bringen.“

„Nein, Yella, sei mir bitte nicht böse, ich möchte mit dir einfach einen schönen Tag verbringen.“

Ich schaute Maurice nur an und nickte. Nachdem unser Ausflug mit dem Katamaran holprig begonnen hatte, endete der Tag aber sehr, schön. Wir redeten über belanglose Dinge, segelten über den See und legten im Hafen von Port de Vidy an. Von hier aus sah man schon die imposante Kathedrale von Lausanne. Vor Jahren war ich mit Richard hier gewesen, wir liefen damals wie die Kinder, um die Wette, die 224 Stufen hoch. Richard gewann, ich kam völlig aus der Puste oben an. Belohnt wurden wir hier oben mit einer gigantischen Aussicht. Ich behielt meine Erinnerung für mich.

Maurice und ich gingen in ein Café, direkt an der Uferpromenade, einen Kaffee trinken. Dieser Tag war eine schöne Abwechslung in meinem neuen Leben und ich merkte wieder einmal mehr, dass ich mich innerlich sehr einsam fühlte. Maurice war ein toller, unterhaltsamer Gesprächspartner.

Gegen Abend waren wir wieder in Montreux am Hafen, dort gingen wir noch Fischessen, anschließend brachte mich Maurice nach Hause. Ich hätte ihn gerne noch auf einen Kaffee zu mir eingeladen, aber irgendwie hatte ich Angst, dass er die Einladung falsch verstehen würde. So verabschiedete ich mich von Maurice vor der Tür. Er hielt meine Hand, die ich ihm zum Abschied reichte, fest. „Du könntest mich fragen, ob ich noch auf einen Kaffee zu dir hereinkommen möchte. Meine Antwort wäre dann: gerne, Yella. Ich würde die Einladung auch nicht falsch verstehen."

„Wenn das so ist … magst du noch einen Kaffee bei mir trinken?"

„Sehr gerne Yella, ich hatte schon Angst, du fragst mich nicht."

Ich musste schmunzeln. Maurice stand ununterbrochen, während ich den Kaffee zubereitete, mit mir in der Küche und sah mir zu.

„Yella, es war für mich heute ein wunderschöner Nachmittag. Meinst du, wir könnten das wiederholen? Ich bin gerne mit dir zusammen. Was hältst du davon, wenn wir nächstes Wochenende nach London fliegen?"

„Das wäre klasse. Ich war schon viele Jahre nicht mehr in London. Ich war noch nie im London Eye. Von dort oben muss man einen tollen Blick über London haben."

Maurice lachte. „Ich organisiere alles und hole dich dann Freitag Morgen ab. Die genaue Uhrzeit teile ich dir dann noch mit. Was interessiert dich noch an London?“

„Stell dir vor, ich war noch nie in Notting Hill! Ich würde gerne in der Portobello Road bummeln gehen. Vielleicht finde ich ja noch das ein oder andere Accessoire beim Antiquitätenhändler für mein Haus? Ach, das ist eine tolle Idee.“

„Das klingt nach einem Plan. Ich freue mich, Yella. So, nun ist es schon spät. Danke für den Kaffee.“

Ich brachte Maurice zur Tür und reichte ihm erneut die Hand. Er übersah meine Hand. Leicht zog er mich zu sich heran und hauchte mir sehr zärtlich einen Kuss auf die Wange. „Schlaf gut, Yella.“

„Du auch Maurice.“ Ich sah ihm noch nach und winkte ihm hinterher.

## 9.
## Eine Reise mit Folgen

Maurice meldete sich wie versprochen am Mittwoch, um mir die Einzelheiten für unserer gemeinsames Wochenende mitzuteilen. Er hatte alles perfekt organisiert. Wir flogen von Zürich mit einem Direktflug nach London. Das Hotel lag im Stadtteil Kensington und gehörte zu den Top Ten.

„Ich habe mir erlaubt, zwei Einzelzimmer zu buchen. Du bist herzlich eingeladen, falls deine nächste Frage lautet, wie hoch dein Anteil am Wochenende ist."

Mein Einwand, dass ich das nicht annehmen könne, ignorierte Maurice.

Freitag gegen elf Uhr kamen wir in unserem Hotel an. Nachdem ich meinen Koffer ausgepackt hatte, nahmen wir einen kleinen Snack im Hotel ein. Danach ließen wir uns durch das quirlige London bei schönstem Wetter treiben. Nur die Temperaturen waren halt dem Herbst angepasst. Wie heißt es so schön, es gibt kein falsches Wetter, sondern nur falsche Kleidung. Wir schlenderten durch die Carnaby Street, dort erstand ich ein flippiges, langes Kleid in Naturtönen, braun, beige, ein wenig orange, mit einem großen Rückenausschnitt. Maurice zeigte seine Freude über meinen Fund und besorgte gleich die passenden Schuhe dazu. Keilabsatz aus Kork und oben mit Sisal geflochten. Als wir den Shop verließen, sangen wir im Duett das Lied von Peggy March. Was so alles geschieht in der Carnaby Street … So gut gelaunt ging es weiter ins Harrods. Maurice und ich drückten den Knopf für den Fahrstuhl. Der Fahrstuhl kam, hielt an und mir verschlug es die Sprache. Ein Mann rauschte an mir vorbei. Ich rief: „Richard, Richard!“ Da war der Mann, der aussah wie Richard, schon weg. Ich wollte sofort hinterher, aber in dem Gedränge konnte ich Richard nicht wiederentdecken.

Maurice sah mich fragend an. „Kanntest du den Mann?“

„Mein Gott, das war Richard, mein Mann Richard, verstehst du? Mein Gott, er lebt! Das war Richard. Warum hat er nicht angehalten? Warum ist er einfach weitergelaufen? Wieso ist Richard in London?“

„Yella, beruhig dich doch bitte. Komm, lass uns rausgehen an die frische Luft.“ Maurice zog mich wie ein kleines Kind hinter sich her nach draußen. Dort, vor der Tür, war gerade eine Bank freigeworden, dort zog er mich hin. „Yella, was ist geschehen?“

„Das war Richard ganz bestimmt, ich kenne doch meinen eigenen Mann. Das war Richard.“

„Du hast Richard in der Gerichtsmedizin identifiziert! Du hast ihn für tot erklärt! Das muss ein Doppelgänger sein. Was sollte Richard hier in London?

Hey, Yella, der Typ hat sich noch nicht einmal von dir angesprochen gefühlt. Der ist ohne mit der Wimper zu zucken einfach weitergegangen. Der hat dich noch nicht einmal angesehen!“

„Das war Richard. Ich schwöre, das war Richard.“

„Bitte beruhige dich. Komm, wir fahren mit dem Taxi ins Hotel, dort können wir weiterreden. Die Leute werden schon alle auf uns aufmerksam.“

„Mir doch egal, das war Richard, ich werde doch wohl meinen eigenen Mann wiedererkennen?“

Maurice sah mich nur an. Ich wäre am liebsten durch die Straßen gelaufen, um Richard zu suchen, doch das Taxi war da und Maurice schob mich förmlich ins Taxi.

Im Hotelzimmer angekommen, ging ich an das Barfach und goss mir einen Wodka ins Wasserglas. Pur!

„Ich könnte auch einen gebrauchen, schenkst du mir bitte auch einen ein?“

„Oh, sorry Maurice. Ja, natürlich.“

Ich setzte mich auf mein Bett und trank einen großen Schluck, prompt verschluckte ich mich, sodass Maurice mir auf den Rücken klopfen musste. Ich trank in der Regel keinen Schnaps, aber irgendwie brauchte ich den jetzt. Kaum hatte Maurice aufgehört, auf meinen Rücken zu klopfen, fing ich wieder an zu husten. Maurice nahm mir das Glas aus der Hand und stellte es auf den Nachtschrank. Als Maurice sich neben mich wieder hinsetzte, nahm er meine Hand und sprach: „Das war bestimmt eine Verwechslung. Fast jeder Mensch hat einen Doppelgänger, manche sogar zwei drei, das ist keine Seltenheit. Wenn er es gewesen wäre, hätte er doch irgendeine Regung gezeigt. Immerhin warst du seine Frau und er würde dich hier in London sicher nicht vermuten. Ich halte es für ausgeschlossen! Vermisst du Richard sehr?“

Ich fing an zu weinen. „Ich werde sicher verrückt. An meinem Umzugstag hatte ich einen Telefonanruf, es war niemand am Apparat, aber ich dachte, es war Richard. Verstehst du das? Es war niemand am Telefon! Wie kann ich denn denken, Richard hat angerufen? Du hast sicher recht, ich bilde mir das alles nur ein.“

Maurice legte den Arm um mich und schaukelte mich leicht hin und her. „Vielleicht solltest du dir professionelle Hilfe suchen. Es gibt doch Leute, die spezialisiert sind auf Trauergespräche. Oder geh zum Psychologen? Wenn es schon mal vorgekommen ist, solltest du dir helfen lassen.“

„Damit die mich in die Klapse stecken? Niemals. Die halten mich doch gleich für verrückt.“

„Yella, das geschieht bestimmt, weil du so unendlich leidest und traurig bist.“

„Findest du, dass ich zu viel trauere? Gerade in den letzten Monaten ging es mir doch viel besser. Warum passiert das jetzt erst.“

„Ich weiß es nicht, Bitte lass dir helfen.“ Maurice nahm mich in den Arm, um mich zu trösten. Ich war ihm sehr dankbar, denn ich beruhigte mich wirklich. Es tat gut, mal wieder in den Arm genommen und gestreichelt zu werden.

Nachdem es wieder besser ging, gingen wir ins Hotelrestaurant zum Essen. Nach dem Essen waren wir noch ein wenig spazieren, um London im Dunkeln zu erleben. Ein Barbesuch rundete den denkwürdigen Tag ab. Maurice brachte mich diesmal nur bis zur Zimmertür. Er kam nicht mit hinein. Er nahm mich in den Arm und streichelte mir über den Rücken. „Wenn etwas ist, es dir schlechter geht, du weißt, wo du mich findest, ich bin gleich nebenan. Du wirst sehen, morgen geht es dir viel besser!“

„Danke, Maurice, vielen lieben Dank. Wir sehen uns dann morgen früh zum Frühstück.“

Ich ging in mein Zimmer und setzte mich aufs Bett, sah das Wasserglas mit dem restlichen Wodka und trank den letzten Schluck. So blieb ich bestimmt zwei Stunden sitzen und verlor jegliches Zeitgefühl. Irgendwann legte ich mich so, wie ich war, ins Bett. In dieser Nacht schlief ich schlecht und hatte furchtbare Albträume. Ich muss wohl im Traum geschrien haben, denn kurz danach klopfte es an der Tür. „Yella, mach bitte auf, ich bin es, Maurice.“

Ich öffnete die Tür. Maurice hatte nur einen dunkelblauen Frottee-Bademantel an. Als er sah, dass ich noch komplett angezogen war, begann er mich auszuziehen. Ich ließ, wie eine Puppe, alles mit mir geschehen. Als er mich in Unterwäsche sah, sah er mir in die Augen und sprach: „Yella, du bist wunderschön!“ Maurice kniete vor dem Bett, weil er mir als Letztes die Hose ausgezogen hatte. Ich nahm sein Gesicht mit meinen Händen und zog sein Kopf zu mir heran. Ich küsste ihn auf seinen Mund. Nein, kein Zungenkuss. Ein einfacher Kuss reichte, um bei mir ein Feuer anzuzünden. Maurice stöhnte leicht auf. Sein Bademantel ging auf, ich sah, wie erregt er war, und in diesem Moment wollte ich wieder Frau sein und einen Mann spüren. Die Wut und Trauer auf Richard waren vergessen. Einfach nur Frau sein.

Am nächsten Morgen beim Frühstück versuchten wir beide nicht über Richard zu sprechen und nicht über die letzte Nacht. Über eventuelle Gefühle schon mal gar nicht. Wir waren irgendwie befangen, obwohl wir frei waren und niemandem gegenüber Rechenschaft ablegen mussten. Wir bekamen den Tag mit Besichtigungen rum, aber ich versuchte überall, Richard zu sehen, jeden Mann scannte ich ab. Ich war einfach nicht ich, sondern völlig neben der Spur. Maurice war sehr taktvoll.

Wieder zu Hause angekommen, griff ich als Erstes zum Telefon. Anke war Gott sei Dank sofort dran.

Mir sprudelten die Worte nur so heraus, ich erzählte ihr alles haarklein bis ins kleinste Detail. Nichts ließ ich aus.

„Anke, bist du noch dran? Warum sagst du nichts? Anke!“

„Ja, Yella, ich bin noch dran. Was willst du jetzt tun?“

„Was kann ich tun?“

„Du könntest zur Polizei gehen und Richard anzeigen.“

„Wegen was?“

„Na ja, wenn Richard noch lebt … wer war dann der Tote?“

„Keine Ahnung“

„Siehst du, macht alles keinen Sinn. Yella, du hast dich einfach geirrt. Du trauerst, du hast Richard geliebt. Du hast selbst gesagt, der Mann in London hat sich noch nicht einmal umgedreht. Yella, vergiss das Erlebnis.“

„Maurice hat das Gleiche gesagt.“

„Scheint ein patenter Mann zu sein, dein Maurice.“

„Es ist nicht mein Maurice.“

„Ich dachte nach der Nacht schon, oder?“

„Ich weiß es nicht, Scheiße ich weiß gar nichts mehr.“

„Yella, beruhig dich. Hast du nicht Lust, mal wieder zu mir nach Berlin zu kommen? Vielleicht bringt dich das auf andere Gedanken?“

„In meinem Zustand?"

„Wieso? Bist du schwanger?"

„So ein Quatsch, nein, natürlich nicht."

„Also, was für ein Zustand?"

„Ich weiß nicht."

„Yella, gib dir einen Ruck und komm. Tim würde sich auch freuen."

„Okay, ich überlege es mir. Danke, liebe Anke. Ich melde mich bei dir."

Ich legte auf und sprach laut zu mir: „Warum eigentlich nicht? Etwas Abwechslung würde mir sicher guttun."

Ich flog zwei Tage später nach Berlin. Das Wetter war einfach grässlich, kalt, stürmisch, einfach ein Depri-Wetter. Es tat gut, Anke noch einmal von London und der Begegnung mit Richard zu erzählen. „Mensch, Anke, hatte ich dir damals bei meinem letzten Besuch mit Richard nicht erzählt, dass ich im Park jemanden angesprochen hatte, der genauso aussah wie Richard?"

„Nein, Yella, daran könnte ich mich sicher erinnern. Sah er genauso aus wie Richard?"

„Nein, als ich vor ihm stand, hatte ich ja bemerkt, dass es nicht Richard war. Jetzt weiß ich es wieder, er war etwas kleiner als Richard, nicht viel, aber etwas und irgendetwas war noch anders. Ich kann mich aber nicht mehr daran erinnern."

„Yella, da lebte Richard noch und du hast … nennen wir ihn Richards Doppelgänger gesehen. Hast du Richard von seinem Doppelgänger erzählt?“

„Ja, habe ich.“

„Vielleicht war das in London der gleiche Typ?“

„So einen Zufall gibt es doch nicht?“

„Aber möglich wäre es!“

„Dann bräuchte ich mir wenigstens keine Sorgen, um meine Psyche zu machen, ich dachte wirklich schon, ich spinne und werde verrückt.“

„So nachdem wir das geklärt haben, wir zwei Hübschen, was machen wir jetzt?“

„Bitte Anke lass uns zu Moni gehen, ja?“

„Na klar, ich könnte auch mal wieder einen anständigen Haarschnitt vertragen.“

„Vorher gehen wir aber noch etwas essen. Ich habe plötzlich einen Mordshunger.“

„Na, endlich bist du wieder die Alte“, lachte Anke.

„Hallo Toni, ich bin’s, Maurice aus Montreux.“

„Mensch, altes Haus, wo hast du dich denn solange versteckt? Wie geht es dir und deiner Tochter Anna?“

„Gut, Toni, wirklich gut. Du, Toni, ich habe eine Bitte. Sag, wenn es nicht geht, ich hätte totales Verständnis dafür.“

„Nun mach es mal nicht zu spannend. Worum geht es denn?“

„Ich arbeite immer noch für die Schweizer Versicherung und wir hatten da letztens eine hohe Auszahlung über vier Millionen, die der Versicherungsnehmer erst kurz vor seinem Tod abgeschlossen hat. Seine Frau hat ihn identifiziert und für tot erklärt, unsere Versicherung hat gezahlt. Inzwischen war ich mit der Witwe, wir haben uns angefreundet, in London, und da sah sie … oder glaubte, ihren toten Mann zu sehen. Na ja und ihr in London seid doch überall mit Kameras voll! Könntest du vielleicht an dem besagten Tag eine Gesichtserkennung am PC vornehmen lassen?“

„Also, mein Lieber, lass mich mal zusammenfassen. Du hast eine vier Millionen schwere Frau an der Angel und suchst ihren Mann? Oder bist du heilig geworden und willst deiner Versicherungsagentur vier Millionen sparen. Klingt beides bekloppt! Lass den Alten doch leben und amüsiere dich mit der Witwe, die vier Millionen auf ihrem Konto hat.“

„Toni, der alten Studienzeiten wegen, bitte, kannst du mir helfen?“

„Was springt für mich dabei raus? Immerhin setzte ich meinen gut bezahlten Job in London aufs Spiel?“, sagte Toni lachend.

„Wenn du arbeitslos werden solltest, kommst du nach Montreux und bekommst einen guten Job hier. Mann, das ist dein Angebot deines Lebens. Ich frage mich ohnehin, wie man in London leben kann, immer dieses graue Wetter, der feine Nieselregen, für mich wäre das eine Strafversetzung!"

„Hör zu, mein alter Freund, schick mir ein Bild von dem toten Typen und sage mir Ort und Zeit, wann sie ihren Verstorbenen und vielleicht wieder Auferstandenen gesehen hat. Das Ganze aber bitte privat über WhatsApp. Ok, Kumpel?"

„Mensch, Toni, du hast einen gut bei mir."

„Schon gut, Alter, wir werden sehen. Was mich noch interessieren würde, angenommen, der Typ wurde wieder zum Leben erweckt, was passiert mit den  vier Millionen?"

„Na ja, da es sich dann um Betrug handeln würde, wird die Zahlung rückgängig gemacht und Strafantrag gestellt, ich dagegen bekomme eine saftige Provision."

„Wie viel, Maurice?"

„30 Prozent von vier Millionen."

Toni pfiff hörbar durch seine Zähne." „Was ist dir lieber? Ach, scheiß darauf, sag es lieber nicht."

Maurice beendete mit schlechtem Gewissen das Gespräch, schickte aber anschließend sofort die benötigten Daten zu seinem Freund Toni.

Yella hatte der Kurztrip in Berlin gutgetan. Sie versprach Anke von jetzt ab regelmäßiger und öfter nach Berlin zu fliegen.

Von Maurice hatte ich, seitdem ich zurück war, nichts gehört. Schade, ich dachte, es könnte mehr zwischen uns oder zumindest könnte mehr aus uns werden. Sicher hatte ich ihn mit meiner Wahnvorstellung abgeschreckt.

„Hey Maurice, das war ein Volltreffer, ich habe mir die Fotos angesehen. Das ist euer Toter einwandfrei. Das Foto, wo der Typ bei Harrods rauskommt, ist gestochen scharf."

„Danke, Toni, bitte zu niemandem ein Wort. Ich weiß selber noch nicht, ob ich mein Wissen weitergeben werde."

„Oh, dann siegt wohl doch die Liebe", lachte Toni.

„Ich habe so ein schlechtes Gewissen. Aber Recht muss auch Recht bleiben. Toni, wie ich dich kenne, hast du doch bestimmt eine Abfrage gemacht, ob Richard Lober ausgereist ist, und noch interessanter wäre für mich, wann er eingereist ist."

„Stimmt, Alter, aber da muss ich dich enttäuschen, der Name taucht nirgends auf."

„Hm, wie geht das denn? Das hieße ja, er hätte eine völlig neue Identität angenommen. Seinen Personalausweis hat er damals bei dem Bootsverleih als Pfand abgegeben. Den hat die Gendarmerie auch zurück in die Schweiz geschickt. Ich verstehe das nicht. Er war doch ein stinknormaler Softwareentwickler?"

„Tja Maurice, ich habe keine Ahnung, wie das geht? Vielleicht hat er sich selbst geklont?"

„Du schaust zu viele Science-Fiction-Filme, aber vielen lieben Dank!"

„Schon gut, Maurice, viel Glück, egal, wofür du dich entscheidest. Ach ja, und von mir hast du die Auskunft nicht, klar? Also überlege vorher, wem du von deinem Wissen erzählst."

„Geht klar, Toni, tschau!"

„Hallo Yella, schön, dass du wieder aus Berlin zurück bist. Hier spricht Maurice."

„Ich bin schon seit zwei Wochen wieder zu Hause", antwortete ich.

„So schnell vergeht die Zeit, na ja ich hatte auch ziemlich viel um die Ohren. Wie sieht es denn dieses Wochenende aus? Wollen wir zusammen essen gehen? Oder soll ich mal für uns kochen?"

„Also, kochen finde ich interessanter. Wenn du mir die Einkaufsliste schickst, werde ich alle Zutaten besorgen."

„Das mache ich gerne, beim Kochen kannst du mir dann ja ausführlich von deinem Berlinaufenthalt berichten. Ich freue mich sehr auf dich."

Es entstand eine kleine Pause, aber dann sagte ich: „Ich freue mich auch!"

Als Maurice mir kurz danach die Einkaufsliste per WhatsApp zusendete, musste ich lachen, typisch Mann. Grillfleisch, Grillwürstchen, Baguette und

Rotwein. Ich erlaubte mir die Einkaufsliste noch um einiges zu erweitern. Ich überlegte kurz, ob ich Gabi einladen sollte, entschied mich dann aber dagegen. Ein Abend zu zweit würde mir sicher guttun.

Maurice brachte wieder einen herrlichen Blumenstrauß mit. Die Begrüßung war warmherzig. Er umarmte mich und gab mir einen Kuss auf den Mund. „Na, du Schöne, erzähl mal, wie war es in Berlin?"

„Komm lieber erst einmal richtig rein. Ich hole uns etwas zu trinken. Den Kamin habe ich schon an."

„Oh, herrlich bei diesem Wetter kann man die Wärme gebrauchen."

Maurice setzte sich auf das Sofa im Wohnzimmer und schaute auf den Genfer See. Als ich mit den Gläsern ins Wohnzimmer kam, wirkte Maurice traurig oder sehr abwesend mit seinen Gedanken.

„Alles okay bei dir?"

„Ja, ich will ehrlich sein, Yella. Mich beschäftigen viele Dinge. Deshalb habe ich mich nicht bei dir gemeldet. Ich hatte die leise Hoffnung, du meldest dich bei mir. Liebst du Richard noch immer? Wünschst du dir, dass er jetzt in diesem Moment bei dir ist? Möchtest du die Nächte mit Richard verbringen?"

Ich konnte nicht gleich antworten. Um Zeit zu gewinnen, trank ich einen Schluck und setzte mich erst zu Maurice auf das Sofa, bevor ich ihm die Fragen beantwortete. „Ich habe Richard geliebt, aus vollem Herzen. Wir hatten wunderschöne Jahre zusammen. Auch schmerzvolle Jahre wegen unserer Kinderlosigkeit waren dabei, aber ich kann es ja nicht ändern, Richard lebt nicht mehr und ich muss und möchte mein Leben weiterleben."

„Yella, wenn Richard leben würde, würdest du mit mir oder mit ihm auf diesem Sofa sitzen?" „Maurice, das ist eine hypothetische Frage, nein, ich glaube nicht."

„Warum nicht? Yella, du liebst ihn doch noch."

„Weil Richard nicht mehr lebt und wenn er leben würde, dann hätte er ein böses Spiel mit mir getrieben."

„Ich bin über deine Antwort sehr erleichtert. Komm, lass dich in den Arm nehmen, ich habe das sehr vermisst."

„Maurice, bist du sicher, dass das alles ist, was du mich fragen wolltest?"

„Oh, nein, stimmt. Könntest du bitte das Kochen übernehmen, ich kann leider nur grillen!"

„Das habe ich schon an deiner Einkaufsliste bemerkt. Ich habe uns einen frischen Salat und Rosmarinkartoffeln zubereitet."

„So, nun erzähl aber bitte von Berlin."

Ich berichtete in Kurzform, ließ aber die Gespräche zwischen Anke und mir wegen des Doppelgängers weg. Ich wollte nicht, dass Maurice dachte, ich sehe überall nur Richard.

Es war ein wunderschöner Abend. Maurice musste leider den nächsten Morgen früh raus. Deshalb konnte er nicht über Nacht bei mir bleiben. Er flog für vier Tage nach Bangkok. Er hatte dort etwas zu erledigen.

## 10.
## Er ist weg, einfach weg

Ich traf mich in der Zeit mit Gabi und Manuela. Wir gingen auf den Weihnachtsmarkt, backten zusammen Plätzchen und gingen ins Kino. Am letzten Nachmittag, bevor Maurice wiederkommen sollte, rief Anke an.

„Yella, Yella, du glaubst es nicht, mein Gott, ich kann es selbst nicht fassen. Oh mein Gott!"

„Was kannst du nicht fassen?"

„Du hattest recht, mein Gott."

„Womit hatte ich recht? Was um Himmelswillen ist passiert? Womit habe ich recht?"

„Ich habe ihn gesehen, ich habe ihn gesehen, ich glaube das alles nicht! Ich habe ihn gesehen?"

„Anke, was hast du gesehen?"

„Richard! Er ging durch den Stadtpark, genauso, wie du es beschrieben hast. Ich rief: „Richard, Richard bleib doch stehen. Er ging einfach mit schnellen Schritten weiter. Ich rief noch lauter. Dann war er weg. Einfach weg."

„Wie, er war einfach weg? Wo ist er hingegangen?"

„Weg, einfach weg. Ich habe ihn dann nicht mehr gesehen, ein Bus versperrte beim Überqueren der Straße die Sicht. Er war einfach weg. Yella, ich überquerte die Straße und versuchte, ihn zu sehen, aber er blieb verschwunden!"

„Yella du hattest so recht. Es ist Richard, kein Doppelgänger. Es ist Richard!“

„Anke, wie spät war es, als du Richard gesehen hast?“

„So zwischen 17 Uhr und 17 Uhr 30 etwa. Ich hatte keine Uhr und ich wollte Tim von einem Freund abholen.“

„Das war auch ungefähr die Zeit damals, wo mir der Doppelgänger begegnet ist. Ich hatte doch um 18 Uhr den Friseurtermin bei Moni.“

„Yella, das war kein Doppelgänger, das war Richard! Was sollen wir denn nun machen?“

„Anke, darf ich dich um etwas bitten, kannst du morgen um die gleiche Zeit wieder im Schlosspark sein und aufpassen, wo er hingeht? Bitte sprich ihn nicht an. Folge ihm unauffällig und vielleicht kannst du ein Foto machen?“

„Mensch Yella ick bin doch nich lebensmüde, was issen, wenn er mir sieht?. Dat is mir echt zu ville zu jefärlich! Nee, nee ick lofe zur Polizei, sollen die sich drum kümmern.“ Anke verfiel wieder in ihren Berliner Dialekt.

„Anke, nein, bitte nicht, es gibt bestimmt einen Grund, warum Richard das gemacht hat?“

„Nimmste den jetzt etwa in Schutz?“

„Bitte, Anke!“

„Na jut, ick nehm mojen men Handy mit und leg mir uf die Lauer.“

„Anke, das vergesse ich dir nie!“

„Yella ick mir och nich, Yella, nur einmal hörste. Nur einmal! Ick ruf dir morgen wieder an.

Warum Maurice direkt nach Bangkok geflogen war, wollte er sich selber am allerwenigsten eingestehen. Er empfand für Yella jetzt schon mehr als Freundschaft und wollte ihr nicht wehtun. Er ließ sich von seinem Gefühl leiten, dass irgendetwas nicht stimmt. Da er über seinen Freund Toni in London nicht weitergekommen war, versuchte er es in Bangkok, dort gab es ja mal die Firma „Save“ und eine Bevollmächtigte, die die Kapitallebensversicherung in Empfang genommen hatte. Vielleicht hat sich Richard hier in Bangkok niedergelassen und war damals nur geschäftlich in London? Interessant wäre, unter welchem Namen.

Ich mag Bangkok nicht, stellte Maurice wieder fest. Laut stickig, und eine Luftfeuchtigkeit, wo man sofort anfängt zu schwitzen als Europäer. Maurice ließ sich direkt mit einem Taxi zur Firmenanschrift bringen. Nach einer Stunde Fahrt quer durch Bangkok stand er vor einem Hochhaus, das sogenannte Pixel-Hochhaus. 313 Meter hoch und 77 Etagen. Immerhin gab es immer noch ein Firmenschild in Messing, Software-Firma „Save“, darunter stand in kursiv geschrieben Richard Lober. Richard bekam bei der Einreise nach Thailand sofort eine Arbeits- und unbefristete Aufenthaltsgenehmigung. Da waren die Thais sehr großzügig. Wer eine Firma gründete, wurde bevorzugt behandelt. Auf sein Klingeln passierte nichts. Ja, war mir fast klar, dachte er. Also ging er ins Gebäude hinein zum Concierge. Dort saß ein kleiner gepflegter junger Mann, der sogar ein vernünftiges Englisch sprach. An einen Richard Lober konnte er sich nicht erinnern, den hätte er nie gesehen. Aber in der Firma „Save“ arbeitete eine hübsche Frau mit dem Namen Lin Saeli, mit der sei er mal Mittagessen gegangen. Das sei eine „very beautiful Girl“. Leider war Lin schon sehr lange nicht mehr hier. Für den Fall der Fälle, dass Lin wieder auftauchen sollte, hinterließ Maurice beim Concierge seine Visitenkarte mit einem Fünfzigeuroschein. Die Räume der Firma waren auch wieder an eine andere Firma vermietet, ließ ihn der Concierge wissen. Das alte Firmenschild musste nur noch abgenommen werden. Die Adresse von Lin wusste der junge Mann nicht, oder er wollte sie Maurice nicht sagen. Hauptsache ich habe den Namen, damit komme ich schon irgendwie weiter, dachte er.

Als er vor dem Pixel Hochhaus stand, sah er sich um. Wenn der Concierge mit Lin essen war, musste es in der Nähe Restaurants geben. Als Erstes ging Maurice um den Block. Mann, bei der Hitze war das kein Vergnügen. Dann wurde sein Radius etwas größer und siehe da, es gab einige Restaurants und Imbissstände. Maurice fragte in jedem Restaurant gezielt, ob jemand Lin Saeli kannte. Dabei gab er jedem seine Visitenkarte in der Hoffnung, dass sich Lin bei ihm melden wird. Über die offizielle Seite des Einwohnermeldeamts würde er keine Auskunft erhalten. Also versuchte er es beim Arbeitsamt. Er gab an, für die nächsten drei Tage einen Übersetzer zu suchen. Erfahrung mit Softwareprogrammen sei wünschenswert, Englisch- und vielleicht ein wenig Deutschkenntnisse wären ebenso von Vorteil. Für die Kontaktaufnahme gab Maurice seine Handynummer an. Danach bestellte er sich ein Taxi, fuhr ins klimatisierte Hotel zurück und hoffte, dass sein Handy klingeln würde. Das tat es auch, bei den ersten Gesprächen war er noch sehr gesprächig. „Guten Tag, wie war Ihr Name doch gleich, ah, Frau Wang, nein tut mir leid, die Stelle ist schon besetzt." ... „Wie war noch gleich ihr Name? Frau Pana? Nein, tut mir leid." ... „Wer ist am Apparat? Frau Niran, sorry, schon vergeben." Frau Ganja, Frau Chi, nur eine Frau Saeli war leider nicht dabei. Irgendwie war das wohl auch von Maurice zu einfach gedacht. Er flog unverrichteter Dinge wieder nach Hause.

„Hallo Anke, hast du ihn im Park gesehen?"

„Nein, ich bin ca. 20 Minuten noch umhergelaufen, aber er kam heute nicht. Morgen versuche ich es wieder. Du, Yella, sei mir nicht böse, aber ich muss kochen, heute kommen Freunde zu Besuch."

„Ja, kein Problem, Anke, ich war halt neugierig.“
„Kann ich verstehen, ich bleibe dran, wann immer es geht.“

„Tschau Anke“

Maurice rief Yella vom Züricher Flughafen an.

„Hey Yella, hast du heute Abend schon etwas vor?“

„Nein, rein zufällig nicht.“

„Hast du Lust auf einen Besuch von mir?“

„Ja, gerne. Ich koche uns etwas Schönes, okay?“

„Perfekt! Ich bin gegen 19 Uhr bei dir.“

„Ich freue mich, Maurice.“

Nach diesem Abend sahen wir uns fast täglich, aßen zusammen zu Abend, erzählten uns unsere kleinen und großen Sorgen, schauten zusammen Fernsehen, gingen ins Kino und liebten uns, wann immer wir Lust verspürten und auch wo uns die Lust aufeinander überfiel. Maurice war sehr zärtlich, konnte aber auch seine Lust zeigen und dadurch dominant wirken. Manchmal war die Anziehungskraft wie ein Liebesspiel und ich ließ mich darauf ein. Meistens waren wir bei mir zu Hause. Ich hatte mittlerweile Maurice in seiner Wohnung schon mehrmals besucht, aber noch nie dort übernachtet. Die Wohnung lag, wie auch mein Haus, oberhalb von Montreux, aber entgegengesetzt von meinem Haus. Luftlinie ca. 9 km. Hier waren an der Promenade alle guten

Hotels vertreten. Maurice wohnte in einer Penthouse-Wohnung, in der obersten Etage, im siebten Stock. Natürlich auch mit Blick auf den von mir geliebten Genfer See. Sie war wirklich schick und hypermodern eingerichtet. Er gestand mir, dass nicht er, aber eine sehr enge Freundin von ihm, die Innenarchitektin sei, die Wohnung eingerichtet hätte. Seine Wohnung war überwiegend in weiß gehalten. Das Wohnzimmer war weiß/braun mit goldenen Accessoires eingerichtet. Ein braunes Ledersofa aus Büffelleder, welches mitten im Raum stand, zog den Blick beim Betreten des Wohnzimmers sofort auf sich. Viele Bilder, die an der Wand hingen, waren von Schweizer Künstlern und Künstlerinnen. Modern Art, versteht sich! Das Badezimmer war ein Traum, wieder in Weiß, bestimmt 20 Quadratmeter groß, aber alle Armaturen waren goldfarben. In der Mitte des Raumes stand eine riesige frei stehende Badewanne für zwei Personen. Der Einlaufhahn sah aus wie eine riesige Schlange in gold. Ein goldfarbener, verschnörkelter Barockspiegel war ein weiteres Highlight im Bad. Die Waschbecken, es waren zwei davon im Bad, sahen aus wie geöffnete Muscheln. Eine Toilette suchte man hier vergebens, dafür gab es einen gesonderten Raum, kleiner und auch wesentlich reduzierter. Die Küche, wie nicht anders von mir erwartet, war wieder in schlicht weiß, ohne Griffe, einfach weiß, Hochglanz. In der Mitte der Küche stand ein Herdblock mit einem Gas-Kochfeld, Grill, Ceranfeld und eine separate Wok-Vorrichtung. Darüber hing eine Dunstabzugshaube, nein, ich glaube, so darf ich die gar nicht nennen, ein Kunstwerk, eher wie eine überdimensionierte Lampe oder ein übergroßer messingfarbener Gong. Das Schlafzimmer, Schrank, Bett, Wände und Teppich war alles in weiß, nur die Bettwäsche war himmelblau. Lag man im Bett, konnte man den aufgemalten Sternenhimmel an der Decke sehen, mit seinem Sternzeichen. Maurice war Jungfrau! Das Zimmer für seine Tochter Anna war dagegen an Gemütlichkeit nicht zu übertreffen. Mahagonimöbel von ihren Großeltern, Wände, Teppich, Sofa, Bett, alles in einem saharabeige. Hier gab es viele Bilder von Anna und ihrer Familie. An einem aufgemalten Baum hing ihre Ahnentafel. An der anderen Wand gab es ein großes Bücherregal, daneben standen wieder Fotos von ihr und ihrer Mama. Das Highlight in Annas Zimmer war der goldene Stern unter der Decke und daneben in Schreibschrift geschrieben: forever in Love. Es war so rührend, dass ich mit meinen Tränen kämpfen musste. Ich mag mir gar nicht vorstellen, wie schwer es ist, seine Mama mit acht Jahren zu verlieren.

Es war der 23. Dezember, 17 Uhr 13, als Anke aufgeregt anrief, um mir mitzuteilen, dass Richards

Doppelgänger wieder durch den Schlosspark gegangen war. Diesmal hat sich Anke aber still verhalten und nicht Richards Namen gerufen, sondern ihr Handy genommen und versucht, mit einem gewissen Abstand Fotos zu machen. Da es kalt war an diesem Nachmittag, trug Richards Doppelgänger, so nennen wir ihn, eine schwarze Strickmütze und einen knielangen, schwarzen Wollmantel. Auf den Fotos war es schwierig, Richards Gesicht aus der Entfernung zu erkennen. Anke war sich aber zu einhundert Prozent sicher, dass es Richards Doppelgänger war. Anke verfolgte ihn mit großem Abstand durch den Schlosspark in eine nicht so gute Wohngegend von Berlin. Sie sah Richard in das Haus gehen. Anke war sich immer noch sicher, dass es Richard war und kein Doppelgänger. Anke fotografierte die Klingelschilder. Es waren 36, auf drei Stockwerke verteilt. Mir sagte kein einziger Name etwas. Es waren auch keine Anfangsbuchstaben vor dem Nachnamen, sondern einfach nur Nachnamen. Was sollten wir nun mit dem Wissen anfangen? Diese Frage stellten wir uns.

„Weste, Yella, ick kann ja nich überall klingeln, wa? Da kommt ja och kener mehr raus. Die haben ja alle ene Gegensprechanlage."

„Liebe Anke, ich glaube, das war eine Schnapsidee von mir. Richard ist tot und in Berlin gibt es einen Doppelgänger. Es ist ganz einfach."

„Nee, Yella, das ist kein Doppelgänger, das ist Richard, ich sag es dir."

„Ich danke dir auf jedenfalls, auch wenn ich noch nicht weiß, was ich machen soll. Ich wünsche dir und deiner Familie erst einmal ein ruhiges Weihnachtsfest und einen guten Rutsch ins neue Jahr! Anfang nächsten Jahres komme ich dich wieder in Berlin besuchen."

„Daruf freu ick mir! Pass uf dir uf, Yella!"

Maurice und ich feierten Weihnachten getrennt. Er verbrachte die Tage mit seiner Tochter Anna und ich war Heiligabend bei Gabi. Die anderen Tage wollte ich allein zu Hause verbringen. Ich wollte die Zeit für mich nutzen und lesen, aber auch die Richard-Kiste sortieren. Ich hatte beim Umzug alle Papiere, die Richard betrafen, einfach in einen großen Umzugskarton gesteckt, weil ich nicht in der Lage war, mich damit zu beschäftigen. Ich hoffte, da nun einige Monate vergangen waren, dass ich die Kraft hatte, Dinge zu sortieren oder zu entfernen. Am zweiten Weihnachtsfeiertag nahm ich mir die Kiste ins Esszimmer mit, breitete mich am Esstisch aus und ordnete erst einmal grob. Die Bilder alle auf einen Haufen, lose Briefe auf den anderen. Alles, was nach Behördenbriefen aussah, auf die andere Seite. Wenig getan und dennoch war der Tisch voll. Ich nahm als Erstes die Bilder in die Hand. Richard als Kind, wie süß, schade, dass wir keine Kinder haben konnten. Wie alt Richard wohl auf dem Foto war? Ein Jahr? Ich drehte das Bild um, aber es stand kein Datum auf der Rückseite. Auf dem nächsten Bild war Richard vielleicht vier oder fünf Jahre alt. Danach hielt ich ein Einschulungsfoto mit ganz vielen Kindern in der Hand. Ich legte das Bild wieder zur Seite und nahm es noch einmal in die Hand. Hm, ich dachte, Richard wäre das gleich in der ersten Reihe gewesen, aber beim Betrachten war ich mir nicht mehr sicher. Na ja, als Kind verändert man sich halt. Die Jungs trugen alle kurze Hosen mit Hosenträgern. Deshalb hatte Richard wohl eine Abneigung gegen Hosenträger gehabt. Es waren aber mehr Jungs als Mädchen auf dem Foto abgebildet. Auch dieses Foto drehte ich um, in der Hoffnung, eine Jahreszahl oder vielleicht Namen darauf zu finden. Leider vergeblich. Ich sortierte weiter. Wie gesagt, es gab nicht so viele Bilder, aber für ein Kinderheim war das wohl normal, wer sollte denn da ständig Fotos machen? Es war ja damals nicht so einfach wie heute, Handy raus und schon ist das Bild fertig.

Nun nahm ich mir private Briefe vor. Das mussten Briefe von Richard an seine Mutter sein, der Schrift nach zu urteilen war er da vielleicht 15 Jahre alt?

Liebe Mama,

jetzt bin ich schon so viele Jahre hier im Kinderheim Grunewald, ich warte auch schon lange nicht mehr darauf, dass du mich abholst und ich nach Hause kann, aber du sollst dennoch wissen, dass ich dich ganz doll lieb habe und ich damals nicht gelogen habe, ich habe die Wahrheit gesagt. Ich bin immer noch traurig, dass du mir nicht geglaubt hast, sondern wie immer nur Ronny. Ich habe beschlossen, dir nicht mehr zu schreiben. Es ist besser so, du hast mich vergessen und ich werde dich und Ronny auch vergessen.

Dein Richard

Wenn ich den Brief hier in den Händen hielt, dann konnte Richard den nie abgeschickt haben. Oh, da lag ein leerer Briefumschlag adressiert an Karin Lober, Grunewaldstraße 7, 13597 Grunewald

Unbekannt verzogen!

Wie traurig musste Richard wohl gewesen sein, als er feststellen musste, dass seine Mama umgezogen war, ohne ihm davon etwas zu erzählen. Ob Ronny der Ehemann war von seiner Mutter? Schade, Richard, dass ich dich nicht mehr fragen kann. In einem Briefumschlag fand ich noch einen kleinen Zettel, darauf stand in krakeliger Schrift geschrieben: „Komm nach dem Abendbrot zum hinteren Eingang. Wenn du nicht kommst, wird jeder erfahren, dass du es warst! Also komm.“

Das war alles, was ich an privaten Dingen gefunden hatte. Ich holte ein kleines Kästchen und packte die beiden Briefe hinein.

Ich fand von Richard, eine Kopie, der Geburtsurkunde, auf der stand: Vater unbekannt. Aber das wusste ich ja. Dann fand ich Zeugnisse und sein Abiturzeugnis. Richard war auch damals schon sehr zielstrebig gewesen. Sein Abitur hatte er mit der Note 2,1 bestanden. Als ich die Behördenbriefe nach wichtig und unwichtig sortiert hatte, fand ich eine Todesanzeige von Karin Stellter, geborene Lober. Richards Mutter war mit 58 Jahren verstorben. Ich hätte schwören können, dass Richard mir erzählt hatte, dass seine Mutter verstorben war, als er noch im Heim war. Das stimmte aber nicht! Richard, warum hast du gelogen? Wie viele Lügen denn noch?

Ich packte alles in einen DINA 4 Ordner und goss mir einen Wein ein, als es an der Tür klingelte.

„Hey Yella, schön, dass du zu Hause bist, ich dachte, ich versuche es einfach. Und siehe da, ich habe Glück."

„Komm rein, Maurice."

„Hier ist es kalt drin, frierst du nicht?"

Doch, jetzt irgendwie schon, ich habe Unterlagen durchgeschaut, da habe ich wohl nicht bemerkt, dass der Kamin ausgegangen ist."

„Lass dich erst einmal richtig drücken, wie geht es dir? Ich kann mir vorstellen, das erste Weihnachtsfest ohne Richard ist voller Erinnerungen, oder?“

„Ja, du hast recht. Ich habe einen Brief gefunden, den Richard seiner Mutter geschrieben hat, der nie angekommen ist! Ich stelle mir das für ein Kind furchtbar vor. Mir ist heute bewusst geworden, dass Richard aus seiner Heimzeit nie etwas erzählt hat. Es war bestimmt schrecklich dort.“

„Yella, nicht jedes Heim ist schrecklich, für viele Kinder ist ein Heim besser als bei den leiblichen Eltern zu wohnen. Warum wurde er denn in ein Heim gegeben?“

„Richard hat mal erwähnt, dass seine Mutter überfordert war, aber ob das stimmt, keine Ahnung? So, nun aber Schluss damit. Ich freue mich, dass du mich heute besuchst, obwohl es gar nicht abgesprochen war.“

„Ja, ich weiß, aber Anna hat einen Freund und wollte dorthin, da habe ich mir gedacht, ich habe auch eine Freundin, also warum überrasche ich sie nicht?“

„Eine tolle Idee. Nimm Platz, ich hole dir etwas zu trinken. Wie war es eigentlich in Bangkok? Was hast du in Bangkok gemacht, du hast noch gar nichts davon erzählt.“

„Habe ich nicht? Um ehrlich zu sein, ich habe wegen Richards Firma Erkundigungen eingeholt. Ich habe einen Freund in London und den habe ich gebeten, die Kamerabilder auszuwerten von dem Mann, der aus dem Harrods kam. Er sagt, das sei Richard auf dem Bild. Deshalb wollte ich wissen, wer hat die Kapitalversicherung von Richard abgeholt?"

Ich konnte nicht antworten, mir ging ganz viel durch den Kopf. „Warum hast du das gemacht? Du hast gesagt, der Fall ist für dich und die Versicherung abgeschlossen? Hast du mich benutzt, um etwas von Richard zu erfahren? Ich dachte, ich könnte dir vertrauen?" Mir kamen die Tränen. „Warum hast du nicht mit mir geredet?"

„Ich dachte, es würde dich verletzen? Ich dachte, es reicht, wenn ich es dir sage, ob es Richard ist oder nicht?"

„Maurice, mach das nie wieder, ich kann alleine denken, ich bin nicht unmündig, ich kann selbst für mich bestimmen. Bekommst du Geld dafür?"

„Nein, so kann man das nicht sagen, äh, ich würde nur eine Prämie bekommen, wenn Richard seinen Tod vorgetäuscht hätte."

„Wenn der Mann vor dem Harrods Richard war, würde das bedeuten, dass Richard mich als trauernde Witwe in der Schweiz herumlaufen lässt, das würde ich auch nicht gerade witzig finden. Außerdem, wo soll Richard denn noch überall sein? Anke hat ihn auch schon zweimal in Berlin, im Schlosspark, gesehen."

„Was? Davon hast du mir nichts erzählt, wann und wo?“

„Maurice, ich habe dir noch nicht davon erzählt, weil es erst vor Kurzem war und Anke ihn verfolgt hat bis zu einem Wohnhaus in Berlin, wo der eventuelle Doppelgänger von Richard verschwunden ist. Dort wohnen aber 36 Parteien auf drei Stockwerke verteilt.“

„Habt ihr die Polizei eingeschaltet?“

„Meinst du, ich mache mich lächerlich? Nein! Ich selber habe meinen Mann identifiziert. Mache ich mich denn nicht auch schuldig, wenn das nicht stimmt?“

„Wenn du eine Falschaussage getroffen hast, ja, sonst nein.“

„Es gibt nur eine Erklärung, Richard hat einen Doppelgänger.“

„Ach, Yella, ich freue mich jedenfalls, dass wir beide endlich darüber reden können, mir hat das Schweigen wirklich schlaflose Nächte bereitet. Komm her, meine Liebe, lass dich in den Arm nehmen.“

Maurice stand auf, kam zu mir und hielt mich gefühlte zehn Minuten im Arm. Das tat mir unendlich gut.

„Nun erzähl aber, was du in Erfahrung bringen konntest“, bat ich.

„Nun ja, in London kam ich nicht weiter, weil kein Richard Lober ein- oder ausgereist ist. Also flog ich nach Bangkok und versuchte, die Frau zu ermitteln, die Richards Kapitallebensversicherung in Empfang genommen hatte. Die Frau heißt Lin Saeli. Ich habe versucht, über eine Stellenanzeige an Frau Saeli heranzukommen. Es haben sich viele gemeldet, aber eine Frau Saeli war nicht dabei."

„Vielleicht meldet sie sich ja noch?"

„So, nun aber Themawechsel. Wo feiern wir beide denn das erste Mal Silvester? Hast du eine Idee? Oder womöglich schon ein Ziel, Yella?"

„Nein, ich habe keine Ahnung und du?"

„Na ja, kommt darauf an, fährst du Ski?"

„Oh miserabel."

„Du lebst seit Jahren in den Alpen und fährst kein Ski?" Maurice lachte bei der Frage und verzog sein Gesicht zu einer Grimasse.

„Schlimm?"

„Nein … dann wandern wir im Schnee? Nehmen uns eine ruhige Almhütte ohne Strom und fließend Wasser?"

Maurice hatte kaum ausgesprochen, da erhob ich massiven Einspruch!

„Schon gut, Yella, ich werde schon etwas Schönes, Romantisches für uns heraussuchen. Erlaubst du mir das? Lässt du dich überraschen?"

„Gerne, Maurice, magst du noch einen Wein?", fragte ich augenzwinkernd. „Und magst du aus Sicherheitsgründen lieber bei mir schlafen?"

„So ein Angebot lasse ich mir nicht entgehen“, scherzte Maurice.

## 11.
## Unser erstes Silvester

Maurice hatte nicht zu viel versprochen, er holte mich am 29. Dezember mit dem Auto ab und wir fuhren nach Luzern, an den Vierwaldstättersee. Wir checkten im Swiss Holiday Park in Morsbach ein, umgeben von Wiesen und Bergen. Hier blieb kein Wunsch offen. Wir entspannten uns im Wellnessbereich, der großzügig und wunderschön war, aßen im Panorama-Restaurant, das eine vorzügliche Küche bot. Die Silvesterfeier hatte Showeinlagen und eine riesige Band, die die Wünsche der Gäste gerne erfüllte. Wir fühlten uns rundherum wohl. Für ein paar Tage vergaßen wir Richard, Lin, Doppelgänger und Co. Wir beschlossen auf der Rückreise nach Montreux, dass wir beide anschließend nach Berlin fahren würden, um nach dem Doppelgänger von Richard zu suchen.

Ein Anruf aus Thailand hielt uns aber davon ab und so buchten wir einen Flug nach Bangkok. Frau Lin Saeli meldete sich auf Maurice‘ Stellenanzeige. Maurice wollte sich unbedingt persönlich mit Frau Saeli treffen, was ich auch verstehen konnte. Ich bat Maurice mitzukommen und so saßen wir am 03. Januar nebeneinander im Flugzeug von Zürich nach Bangkok. Maurice erzählte mir von dem jungen Concierge, der anscheinend ganz verliebt in Frau Saeli war, von dem Pixel-Hochhaus usw.

Da der Flug recht anstrengend war, trafen wir uns erst am nächsten Tag zum Kaffee mit Frau Saeli. Wir trafen uns in einem Restaurant in der Nähe des Pixel-Hochhauses. Maurice stellte mich als seine Sekretärin vor, mit dem Namen Frau Schmitt. Frau Saeli war eine kleine zierliche Person vielleicht so um die 1,60 Meter groß, schulterlange, pechschwarze Haare. Sie hatte ein ebenmäßiges Gesicht und eine Porzellanhaut mit mandelförmigen, braunen Augen. Wir begrüßten uns auf Englisch. Frau Saeli fragte, ob es uns lieber sei, auf Deutsch weiterzureden. Wir bejahten das. Maurice und ich waren erstaunt über ihre perfekte Aussprache. Sie war fast akzentfrei.

Frau Saeli war gut vorbereitet auf die Stellenausschreibung. Sie hatte eine Mappe dabei mit all den Firmen, für die sie schon gearbeitet hatte. Maurice nahm die Mappe und blätterte sie einmal durch, aber von der Firma „Save“ wurde nichts erwähnt. Vorsichtig fragte Maurice, ob sie schon einmal für eine Softwarefirma gearbeitete hätte. Sie zuckte leicht zusammen und antwortete, arbeiten konnte das man nicht nennen, sie hätte eigentlich für ihren Vater arbeiten sollen, aber da sei leider etwas dazwischengekommen. Maurice versuchte nun die Frage noch einmal anders zu formulieren: „Könnten Sie sich vorstellen, für mich als Sekretärin zu arbeiten? Ich möchte mir hier in Thailand ein zweites

Standbein aufbauen. Vielleicht könnten Sie auch Programme testen, Virenabwehrprogramme.

Frau Saeli wurde blass und sagte: „Nein, das möchte ich nie wieder machen, ich suche einen einfachen Übersetzungsjob."

„Frau Saeli, das wäre ja auch nur eine Ausnahme."

„Nein auch nicht in Ausnahmefällen! Das mache ich nie wieder!"

„Was ist daran so schlimm?", fragte Maurice.

„Mein Vater hatte so eine Firma und ich glaube, das hat ihn das Leben gekostet."

„Wie hieß denn Ihr Vater?"

„Richard Lober."

Diese Antwort ließ uns verstummen. Maurice fand als Erster seine Sprache wieder. „Herr Lober war Deutscher!"

„Ja, das ist richtig", antwortete Frau Lin erstaunt. „Kannten Sie meinen Vater?"

Ich antwortete für Maurice. „Ich bin seine Witwe. Richard war mein Mann. Von einer unehelichen Tochter ist mir nichts bekannt."

„Also ist mein Vater wirklich tot? Wie ist er ums Leben gekommen? Oder wurde mein Vater umgebracht?"

„Richard ist auf einem Katamaran tödlich verunglückt, auf Mallorca."

„Sie glauben mir nicht, stimmt's? Ich bin wirklich Richards Tochter. Mein Vater wollte meine Mutter nicht heiraten, aber er hat sich immer um mich gekümmert, meine Eltern haben sich in Deutschland kennengelernt. Ich war wohl so etwas wie ein Unfall. Nachdem meine Mutter schwanger geworden ist, wurde sie nach Thailand zu unserer Tante geschickt, damit unsere Nachbarn nicht merkten, dass meine Mutter von einem Deutschen geschwängert wurde. Ich hatte Glück, dass ich von beiden Elternteilen wohl gleichmäßig 50 Prozent der Gene abbekommen habe. Ich sehe nicht gleich auf den ersten Blick europäisch aus. Glauben Sie mir nicht? Welchen Grund hätte ich, Sie zu belügen?“

„Können Sie das mit amtlichen Dokumenten belegen?“, fragte Maurice.

„Nein, das kann ich nicht, mein Vater hat es nie amtlich bestätigen lassen.“

„Hat ihn deshalb Herr Lober die Kapitalversicherung abholen lassen? War das Geld für Sie oder für Herrn Lober?“

„Mein Vater hatte Sorgen, das konnte ich ihm ansehen, er machte auch immer öfter komische Bemerkungen.“

„Wussten Sie, dass Richard tot ist?“

„Nein, offiziell nicht, aber mein Vater hat gesagt, wenn er sich nach sechs Wochen nicht bei mir meldet, ist ihm etwas zugestoßen und ich soll das restliche Geld behalten. Einhunderttausend Euro hat mein Vater damals in bar mitgenommen, die restlichen einhunderttausend Euro habe ich behalten, nachdem mein Vater sich nicht mehr gemeldet hat."

Ich musste Frau Saeli immer wieder ansehen und plötzlich verschwamm Richards Bild mit der jungen Frau vor mir und ich erkannte eine Ähnlichkeit zwischen den beiden. Mein Gefühl sagte mir, diese junge Frau lügt nicht, auch wenn ich es mir noch so sehr wünschen würde. Als wenn Frau Saeli meine Gedanken hätte lesen können, zog sie aus ihrem Portemonnaie ein Foto von Richard und ihr heraus. Voller Stolz legte sie es auf den Tisch. Richard sah auf dem Foto genauso stolz aus. Er hatte den Arm um seine Tochter gelegt und lächelte in die Kamera.

„Darf ich Sie fragen, wie alt Sie sind, Frau Saeli?"

„Ich bin 35 Jahre alt."

„Das kann ja nicht sein", antwortete ich, „dann wäre Richard damals bei der Zeugung erst 14 Jahre alt gewesen und bei Ihrer Geburt erst 15 Jahre alt."

„Sehen Sie, Frau Lober, in Thailand ist das nicht ungewöhnlich, hier sind und wurden die Mädchen nicht so früh aufgeklärt wie in Europa."

Ich schüttelte nachdenklich den Kopf und sagte laut: „All die Jahre bin ich nicht schwanger geworden, warum nicht?"

Maurice fragte: „Warum, Frau Saeli, haben Sie nicht die Firma Save weitergeführt?"

„Es ging um eine Spionagesoftware, mein Vater hat, als er bemerkte, wofür die Software genutzt wird, Fehler hineinprogrammiert, sodass jedes Virenprogramm das erkennt. Damit hat er sich keine Freunde gemacht. Mein Vater und ich haben die Software umprogrammiert und diese Software haben wir Wiccrosoft angeboten. Ich hoffe, Frau Lober, Sie sind damit einverstanden, dass alle Umsätze mir gehören, die die Software betreffen, ich habe einen Vertrag mit Wiccrosoft abgeschlossen und ich vermute, finanziell wird sich dieser Deal für mich lohnen. Ich bin meinem Vater für viele, viele Dinge im Leben dankbar." Frau Saeli wischte sich eine Träne ab, die langsam an ihre Wange herunterlief.

„Lebt Ihre Mutter noch?", fragte ich.

„Ja, meine Mutter lebt noch, aber sie hat nie geheiratet und sie redet auch nicht über die Zeit in Berlin."

„Haben die beiden sich je wiedergesehen, nachdem Sie geboren wurden?"

„Nein, soweit ich weiß, nicht. Meine Mutter wollte auch nie wissen, wann und wo ich mich mit meinem Vater getroffen habe. Sie sehen, Frau Lober, von uns haben Sie nichts zu befürchten. Ich kann mir vorstellen, wie schwer es für Sie sein muss, nach so vielen Jahren von mir zu erfahren."

Frau Saeli legte ihre Visitenkarte auf den Tisch und verabschiedete sich mit den Worten: Sie können jederzeit gerne mit mir Kontakt aufnehmen. Bei uns gibt es Sprichwort, dai yang sia yang. Dies bedeutet, dass, wenn man etwas gewinnt, verliert man auch etwas. Ich wünsche Ihnen beiden einen guten Heimflug." Und weg war Frau Saeli.

Maurice und ich saßen noch eine Weile, ohne etwas zu sagen, nebeneinander. Dann nahm er meine Hand und sagte. „Es tut mir leid. Wenn ich gewusst hätte, dass das dabei herauskommt, wenn wir nach Bangkok fliegen, hätte ich dir das gerne erspart."

„Ich weiß, Maurice."

Wir blieben wie geplant noch zwei Nächte und flogen dann zurück nach Zürich.

In Zürich angekommen, traf ich mich mit Gabi zum Mittagessen. Ich erzählte ihr von unserer Silvesterfeier und unserem Kurztrip nach Bangkok, aber von meiner und Maurice' Begegnung mit Richards Tochter erwähnte ich kein Wort, zu groß war meine Scham. Ich hatte das Gefühl, dass meine Jahre mit Richard auf Lug und Trug aufgebaut waren. Konnte er wirklich keine Kinder bekommen? Hatte er sich vielleicht nach der ungewollten Zeugung sterilisieren lassen? Tausend Fragen schwirrten mir durch den Kopf.

Anke fragte schon das zweite Mal nach, wann ich denn endlich nach Berlin kommen würde. Ich hatte Anke natürlich von unserer Begegnung mit Richards Tochter erzählt. Anke verschlug es regelrecht die Sprache. „Reden wir immer noch von deinem Mann, dem liebevollen Richard, der dich auf

Händen getragen hat, der es bedauert hat, mit dir keine Kinder zu bekommen?“

„Anke ich weiß es nicht mehr. Manchmal wünsche ich mir, ich hätte das alles nur geträumt und wache in Richards Armen auf.“

„Das wird nicht passieren, Yella! Stell dich lieber den Tatsachen, dein Mann war ein Lügner und wer weiß noch was!“

„Anke, bitte rede nicht so von Richard. Es tut mir weh, weil ich so vieles nicht verstehe.“

„Komm nach Berlin und stell hier Richard zur Rede!“

„Hast du ihn seit Dezember abermals gesehen?“

„Nein, das habe ich nicht! Deshalb komm, ich kann ja nicht jeden Tag in den Park gehen oder vor dem Wohnhaus herumlungern. Wenn er das mitbekommt, dann hätte ich Angst, dass er mir etwas antun würde.“

„Anke. jetzt spinnst du aber wirklich! Richard ist doch kein Krimineller!“

Anke ließ die Frage im Raum stehen.

„Okay, ich komme für vier Tage, vielleicht haben wir Glück!“

## 12.
## Drehpunkt Berlin

Maurice war es gar nicht recht, dass ich mich alleine nach Berlin aufmachte. Ich versprach ihm, dass wir jeden Abend telefonieren und ich auch nicht länger als vier Tage bleiben würde. In Berlin angekommen, nahm ich mir dieses Mal ein anderes Hotel. Es lag in der Nähe vom Park Niederschönhausen. Es war zweckmäßig und für drei Übernachtungen ausreichend. Ich traf mich mit Anke wie immer im Park. Da es Ende Januar war, war es um 17 Uhr fast dunkel. Es war trocken, aber kalt. Wir hatten um die sechs Grad und waren dick in unsere Jacken eingepackt.

Wir gingen die gleiche Strecke wie immer, nur diesmal gingen wir weiter aus dem Park, am nördlichen Ende, wieder hinaus zu dem Wohnblock, wo Anke Richard verschwinden sah. Wir blieben erst mit Abstand auf der anderen Straßenseite stehen und beobachteten die Leute, die rein und raus gingen. Als keiner mehr auf der anderen Straßen Seite zu sehen war, gingen wir zu der Eingangstür. Ich las die Klingelschilder von oben nach unten und von links nach rechts, kein Klingelschild trug den Namen Lober. Drei Klingelschilder waren überklebt und handschriftlich geändert. Die anderen waren alle feinsäuberlich mit einer Prägemaschine erstellt worden. Ich las noch mal die abgeänderten Namen laut vor, Richter, Graf und Stellter. Stellter, Stellter … wo hatte ich den Namen schon einmal gelesen?

„Anke, sieh mal dort, der Name Stellter, Mensch, jetzt fällt es mir wieder ein. Richards Mutter ist eine geborene Lober, verheiratete Stellter."

„Wieso Mutter? Ich denke, Richard war im Heim, hier im Grunewald?"

„Komm, Anke, lass uns einen Kaffee trinken gehen, dann erzähle ich dir alles."

Nachdem ich Anke von meinem Fund der Briefe und der Todesanzeige der Mutter erzählt hatte, fragte Anke: „Aber wer soll das denn sein mit dem Namen Stellter? Du sagst doch selbst, die Mutter ist mit 58 Jahren verstorben."

„Vielleicht wohnt Richard bei dem zweiten Mann seiner Mutter?"

„Ich habe schon Schwierigkeiten, mir vorzustellen, dass Richard überhaupt in Berlin wohnt, weil er doch nie im Leben hier wohnen wollte und dann auch noch in dieser Gegend, geschweige denn in so einem Wohnblock. Das gibt doch freiwillig niemand auf."

„Anke, ich werde Maurice bitten, uns zu helfen, vielleicht kann er eine Anschriftenermittlung machen oder über die Schufa etwas erfahren."

„Wenn du mich fragst, Yella, geh zur Polizei!"

„Nein erst will ich wissen, was hier vorgeht. Ich möchte wissen, ob Richard mich während unserer ganzen Ehejahre belogen hat."

Ich ging am nächsten Tag alleine gleich zu dem Wohnblock. Ich stand vor der Tür und tat so, als sähe ich mir die Klingelschilder an. In diesem Moment wurde die Tür von innen geöffnet und mir blieb vor Schreck fast das Herz stehen. Eine ältere Dame wollte gerade an mir vorbei huschen, als ich sie ansprach: „Entschuldigen Sie, kennen Sie zufällig Herrn Stellter?"

„Nee, wer sollen det sein? Kenn ick nich, wohnt der och hier?"

„Ja, ich dachte, hätte ja sein können, dass Sie ihn zufällig kennen."

„Ick kenn kenen, der hier wohnt. Klingeln se doch och woanders oder überall, machen die Gören och ständig. Darüber könnt ick mir jeden Tach ufregen. Tschüss."

„Danke, Tschüss." Ich nahm meinen ganzen Mut zusammen und klingelte bei Stellter. Nichts, weder die Gegensprechanlage ging an noch der Türöffner summte. Dafür kam ein Mann mittleren Alters heraus. „Suchen Sie jemanden?"

„Ja, Herrn Stellter."

„Kenn ich nicht, klingeln Sie doch."

„Ja habe ich bereits gemacht." „Na dann, wenn keiner ufmacht, is kena da, wa?"

„Ich versuche es morgen wieder oder später. Danke."

Ich beschloss, morgen früh noch einmal vor dem Haus Wache zu stehen.

Pünktlich um 7 Uhr 15 stand ich vor dem Haus. Erschreckend wie wenig Menschen herauskamen, um zu dieser Uhrzeit zur Arbeit zu gehen. Schüler kamen mehrere heraus. Außer kalte Füße nichts gewesen. Enttäuscht verabschiedete ich mich noch von Anke und Tim, um mich dann auf den Weg zum Flughafen zu machen.

Der Flieger nach Zürich flog pünktlich ab und kam pünktlich an. Zu meiner größten Überraschung holte Maurice mich mit einem wunderschönen Blumenstrauß ab. Dunkelrote Rosen! Mit einem kleinen Kärtchen, wo drauf geschrieben stand: für meine Yella, denn mit ihr geht für mich die Sonne auf!

„Du bist nicht nur gut aussehend, sondern anscheinend auch sehr poetisch."

Maurice lachte und umarmte mich gleichzeitig. „Schön, dass du wieder hier bist! Ich habe dir so viel zu erzählen, ich weiß gar nicht, wo ich anfangen soll. Aber die wichtigste Frage zuerst: zu mir oder zu dir?"

„Lieber zu mir, sonst verhungern wir."

„Da könnte etwas dran sein." Während der Autofahrt erzählte ich ihm noch einmal von unseren Erlebnissen, nur ausgeschmückter. Als ich an die Stelle mit dem Klingelschild von Stellter kam, fragte Maurice, was ich denn für ein Gefühl habe.

„Ich habe kein Gefühl, es fühlt sich alles fremd an, was in den letzten Monaten passiert ist.“

„Hätte Richard die Möglichkeit, Papiere zu fälschen und eine andere Identität anzunehmen?“

„Maurice, das fragst du doch nicht im Ernst, oder? Ich habe doch von so etwas überhaupt keine Ahnung. Das Einzige, was ich im Moment glaube, ist, dass Richard mir seine Tochter verschwiegen hat und dass er eine scheiß Angst gehabt haben muss, sonst hätte er nie seine Kapitallebensversicherung aufgelöst und meine Versicherung erhöht. Das macht man nicht einfach so.“

„Liebe Yella, wir sind an einem Punkt, wo du dir, nur du ganz alleine, überlegen musst, was du möchtest. Willst du wirklich wissen, ob Richard noch lebt? Wenn ja, was geschieht mit dir, mit uns, mit Lin Saeli? Was ändert sich für dich, wenn Richard noch leben würde? Ich bin mir sicher, wenn wir jetzt weitermachen mit recherchieren, werden wir nie wieder an Punkt von heute festhalten können. Wir werden auch mit den Konsequenzen leben müssen, egal, was wir erfahren. Überleg es dir bitte sehr, sehr gut, was wir tun sollen.“

„Ich muss nicht überlegen, ich brauch’ die Wahrheit, um mit dem Kapitel Richard abschließen zu können! Egal, was wir erfahren, nie wieder werden wir ein Paar werden. Wahrscheinlich noch nicht einmal Freunde. Sollte Richard wirklich tot sein, und es handelt sich um einen Doppelgänger in Berlin, werde ich auch das akzeptieren müssen. Ich würde mir das sogar wünschen."

„Okay, Yella, ich werde morgen früh meine Fühler nach Berlin ausstrecken. Aber nun genießen wir den restlichen Abend und die restliche Nacht.

Maurice versuchte, über die Versicherungsagentur einen Herrn Stellter ausfindig zu machen, mit der angegebenen Berliner Adresse. Fehlanzeige. Dann gab er den Namen Karin Stellter ein und bekam mehrere Treffer. Erst als er das Geburtsdatum von Karin Steller eingab, blieb nur eine Person übrig. Karin Stellter hatte damals eine Haftpflichtversicherung besessen, sonst nichts. Die Adresse war immer noch die gleiche Anschrift, wo Richards Brief an seine Mutter zurückgekommen war. Im Grunewald. Enttäuscht schloss Maurice seinen Firmenlaptop. „Was könnte ich noch machen?", fragte er sich laut. „Ich probiere es beim Friedhofsamt im Bezirk Grunewald. Vielleicht kann sich ja zufällig noch jemand daran erinnern."

Die Sekretärin des Friedhofsamtes war sehr gesprächig. „Ja, die Grabstelle gibt es immer noch, aber das Grab ist sehr verwildert. Jedes Jahr hängt das Friedhofsamt eine Aufforderung an den Grabstein, doch bitte das Grab zu pflegen, aber es wird einfach ignoriert. Und wer sind Sie?"

Nachtigall ick hör dir trapsen, dachte Maurice, da sucht jemand eine Person, der sie die Friedhofsrechnungen zusenden kann.

„Ich bin ein Freund von Frau Lober, der Ehefrau oder Schwiegertochter von Karin Lobers Sohn. Frau Lober hat ja dann Herrn Stellter geheiratet. Lebt denn der Herr Stellter noch?“

„I wo, der ist kurz nach Frau Stellter verstorben. Aber es gibt doch noch den Mann von Ihrer Freundin, nicht wahr?“

„Nein, Herr Richard Lober ist letztes Jahr durch einen Unfall ums Leben gekommen.“

„Ach, das ist ja sehr tragisch! Bei manchen Familien schlägt das Schicksal viel zu oft zu. Die arme Frau hatte es ja nie leicht.“

„Wie meinen Sie das?“

„Na, die Leute haben damals geredet, die Karin sei keine gute Mutter gewesen und so. Sie sei schuld, dass der Bub auf die falsche Bahn gekommen ist.“

„Was war denn damals?“

„Ich mag nicht schlecht über Tote reden, aber fragen Sie doch mal im Heim nach, die wissen bestimmt mehr als ich, ich habe nur Gerüchte gehört.“

„Sie meinen das Kinderheim im Grunewald?“

„Ja, genau, heute ist das eine Jugendherberge, aber es gibt noch eine Erzieherin, vielleicht kann die sich erinnern. Die müsste so um die 85 Jahre alt sein. Wenn mir doch nur der Name einfallen würde, ich meine, mit B fing der Name an.“

Maurice fragte: „Vielleicht Beate?

„Nein.“

„Brunhilde? Bärbel?“

„Nein, aber so ähnlich, jetzt habe ich den Namen, Mensch, wie konnte ich den vergessen? Bertha Klein hieß die, sie war sogar die Heimleiterin. Ja, Bertha Klein. Auf mein Gedächtnis ist halt immer noch Verlass.“

„Ja, das freut mich aber, dass Ihnen noch der Name eingefallen ist. Vielen Dank für Ihre Hilfe.“

„Bitte schön, man hilft doch gerne.“

Wenn man es dann genau nahm, hatte Maurice doch eine Menge erfahren, nämlich dass Herr Stellter kurz nach seiner Frau verstorben war. Wer wohnt dann in dem Mehrparteienhaus in Berlin? Ja, und dann lebte noch die Heimleiterin Bertha Klein.

„Lieber Maurice, an dir ist ja ein Spürhund vorübergegangen“, witzelte Yella, als Maurice ihr von seinem spannenden Tag berichtete.

„Na ja, die Arbeitszeit musste ich natürlich nachholen“, erwiderte er mit einem Lachen.“

Nächsten Morgen suchte sich Maurice die Telefonnummer von der Jugendherberge raus, dem damaligen Kinderheim und ließ sich mit der Verwaltung verbinden. „Guten Tag, mein Name ist Maurice Renz aus Zürich, ich ermittle in einem Versicherungsfall und bräuchte ein paar Auskünfte.“

„Entschuldigung aber telefonisch erteilen wir keine Auskünfte. Bitte reichen Sie ihre Anfrage schriftlich ein oder wir machen einen Termin ab."

„Ja, das dachte ich mir schon. Ich wollte überhaupt einmal abklären, ob Sie noch Unterlagen aus der Heimzeit im Archiv haben."

„Soweit ich weiß, stehen noch Kisten im Keller, aber, nach wie vor, bitte schriftlich."

„Nur noch eine Frage, die Erzieherin Bertha Klein, wo kann ich die finden?"

„Frau Klein lebt in einem Seniorenstift hier in der Nähe, aber sie kann nicht mehr telefonieren, die arme, sie hat auf beiden Seiten ein Hörgerät, das sie sehr beeinflusst."

„Dann danke ich Ihnen erst mal für die Auskunft, ich werde eine schriftliche Anfrage stellen. Ich hoffe, es geht auch per Mail, wenn ich meinen Personalausweis in Kopie einscanne."

„Ja, das ist schon in Ordnung, Herr Renz, nur haben Sie bitte ein bisschen Geduld. In der Weihnachtszeit und Silvester ist einiges liegen geblieben, einen schönen Tag noch."

Maurice legte auf und setzte sofort ein Schreiben auf. Vielleicht half ja der Briefkopf von der Versicherung, um die Antwort zu beschleunigen.

Am Abend erzählte Maurice Yella von seiner Recherche. Aber auch Yella hatte Neuigkeiten aus Berlin.

## 13.
## Wie ein Schatten

Anke hatte angerufen und Yella von einer erneuten Begegnung mit Richards Doppelgänger erzählt. Sie folgte ihm mit großem Abstand bis zu dem Wohnblock. Dann wurde der Abstand geringer. Gerade als Richard die Tür aufschließen wollte, kam ein anderer Herr heraus und begrüßte Richard mit den Worten: „Guten Tag, Herr Stellter, na wann verlassen Sie uns denn? Ich habe gehört, Sie ziehen um? Wenn Sie noch keinen Nachmieter haben, mein Freund sucht eine kleine Wohnung."

„Das tut mir leid. Die Wohnung ist schon wieder durch meinen Vermieter vermietet worden. Ich ziehe in drei Wochen um."

„Ja, das würde ich auch gerne, unsere Wohngegend ist ja nicht gerade schön."

„Hm, Entschuldigung, aber ich habe noch einiges zu erledigen." Mit diesen Worten verschwand Richard. Anke stand nun auch fast vor dem Eingang, als der gesprächige Nachbar fragte, ob sie auch eine Wohnung suche. Sie schüttelte nur den Kopf und ging wieder nach Hause.

„Yella, wir müssen uns beeilen, sonst ist Richard weg. Kannst du nicht noch mal mit Maurice hierherkommen oder endlich mit der Polizei?"

„Liebe Anke, ich versuche, Maurice zu überreden, mitzukommen. Die Polizei möchte ich raushalten. Ich danke dir für alles."

„Geht es dir gut? Du klingst so traurig?"

„Mach dir keine Sorgen, ich melde mich wieder."

„Yella, diese Woche kann ich leider nicht mitkommen, ich bin gerade arbeitsbedingt an einem Großkunden dran, wegen eines Versicherungsabschlusses", sagte Maurice, nachdem ich ihm von Ankes Beobachtungen erzählt hatte. „Aber nächste Woche könnte ich mir den Freitag freinehmen. Dann hätten wir das ganze Wochenende. Vielleicht hat das Heim sich bis dahin gemeldet. Aber was wir auch auf jeden Fall machen können, ist die Frau Bertha Klein in ihrem Seniorenstift besuchen. Ich werde morgen für uns Flüge buchen und uns im Heim für Samstag einen Termin geben lassen."

Ich konnte die ganze Woche nicht schlafen und wenn ich doch geschlafen eingeschlafen war, hatten mich oft Angstträume eingeholt. Ich sah Richard in meinen Träumen grinsend vor mir stehen, mit einem Baby auf dem Arm, oder Richard, wie er mich mit einem Messer bedrohte. Dann wachte ich auf und mir war so schlecht. Es dauert dann mindestens zwei Stunden, bis ich wieder halbwegs normal war. Ich musste das endlich hinter mich bringen. So konnte es einfach nicht weitergehen.

Auf dem Flug nach Berlin redeten Maurice und ich wenig. Jeder hing seinen Gedanken nach. In Berlin angekommen checkten wir wieder in dem einfachen Hotel ein. Es war einfach näher zu Ankes Wohnung und zu dem Wohnblock, wo Richard wohnte.

Wir wurden herzlich von Ankes Familie begrüßt und bekocht, es gab Rinderrouladen mit Rotkohl, Maurice überschüttete Anke mit Komplimenten. Nach dem Essen, als wir alle noch einen Espresso tranken, verkündete Tim, dass Maurice viel netter sei als Onkel Richard. Ich frage, ihn warum, er hätte sich doch immer gut mit Onkel Richard verstanden. „Ja Tante Yella, aber ich habe Onkel Richard auf dem Spielplatz im Park gesehen und bin hingelaufen, wollte ihn umarmen, weil ich mich doch so sehr gefreut hatte, dass er wieder lebt, aber er hat mich einfach weggeschubst und hat gesagt, ich solle nach Hause zu meiner Mutter gehen. Es sei gefährlich, fremde Männer anzusprechen. Aber Onkel Richard, ich bin es doch, erkennst du mich nicht?, habe ich gesagt. Da sah er mich ganz böse an! Ich hatte solch eine Angst, dass ich gleich zu Mama gelaufen bin."

„Tim, wann war das? Warum hast du mir nichts davon erzählt? Komm mal her, mein großer Schatz."

Tim kuschelte sich ganz eng an seine Mama.

Anke sah mich an und sagte: „Yella das muss endlich ein Ende haben. Wenn du es nicht dieses Wochenende beendest, gehe ich zur Polizei."

Ich konnte nur nicken, Maurice legte den Arm um mich. Es war eine komische Stimmung.

Am Samstagmorgen hatten wir den Besuch im Seniorenstift mit Bertha Klein. Frau Klein erwartete uns schon in der Cafeteria. „Guten Morgen Frau Klein, ich bin die Witwe von Richard Lober, erinnern Sie sich noch an meinen Mann? Neben mir, das ist Herr Renz, mein Lebensgefährte."

Maurice grinste, ich übersah das und setzte mich neben Frau Klein. Frau Klein war, wie ihr Name, wirklich klein, etwas kräftige Statur und graue Haare, die streng zum Knoten zusammengebunden waren. Sie hatte einen dunkelgrauen, engen Stiftrock an und einen lila Pullover, der gut zu ihrem Teint passte, und ein liebes Lächeln. Sie schien sehr warmherzig zu sein.

„Frau Lober? Wir kennen uns aber nicht?"

„Nein, Frau Klein, aber vielleicht kannten Sie meinen Mann, Richard Lober, der war als kleines Kind im Kinderheim im Grunewald von seiner alleinerziehenden Mutter abgegeben worden?"

„Richard? Haben sie ein Bild von Richard, hm, das würde meinem Gedächtnis doch auf die Sprünge helfen?"

Ich zog das Bild von der Einschulung heraus. Ich zeigte aber nicht mit dem Finger auf Richard. Ich wollte sie nicht beeinflussen. Sie sollte Richard selbst erkennen, denn nur dann konnte ich ihr glauben.

Frau Klein nahm das Bild in beide Hände, die leicht zitterten. „Wie lange ist das schon her? Es war eine schwere Zeit für all die Kinder. Noch heute blutet mir das Herz, wenn ich an die Kinder denke. Die meisten Kinder haben ihr ganzes Leben nach einer Familie und Liebe gesucht. Ach, hier das ist die kleine Annika, die Mutter war drogenabhängig. Paul, der kleine Paul, so ein lieber kleiner Bub. Das ist Jessica, das war ein Wirbelwind. Richard, da das ist Richard. Frau Klein zeigte auf den Jungen in der vordersten Reihe, ein bildhübscher Junge, in einer kurzen Hose mit breiten Hosenträgern. Richard hat sich immer gewünscht, dass seine Mutter ihn nach Hause holt. Jeden Sonntag stand er am Tor und hat vergeblich gehofft. Jedes Bild, was er gemalt hat, hat er für seine Mama gemalt. Wenn er Männchen aus Kastanien gebastelt hat, alles war immer für seine Mama."

„Hat seine Mutter Richard denn nie besucht?"

„Doch, am Anfang kam sie fast jeden Sonntag, um mit Richard ein Eis zu essen oder auch manchmal nur zum Spielen. Diese Sonntage hat Richard geliebt, das gab ihm Kraft zum Durchhalten, denn Karin Lober hat immer gesagt, wenn es ihr psychisch und finanziell besser geht, holt sie Richard nach Hause."

„Warum hat Frau Lober Richard in das Kinderheim gegeben?“

„Karin Lober war zu jung und einfach überfordert. Geld verdienen und alleinerziehende Mutter zu sein, war damals noch viel schwerer als heute. Das Jugendamt war der Meinung, dass Abstand der Mutter und dem Kind guttun. Dann lernte Frau Lober einen jungen Mann kennen und die Besuche wurden immer seltener. Das war die Zeit, wo aus dem sensiblen Richard ein harter Bursche wurde.“

„Was war denn mit Richards leiblichem Vater, Frau Klein, können Sie sich noch daran erinnern?“

„Oh ja, das kann ich, nicht wörtlich genommen, aber vom Erzählen. Die Karin Lober kam aus gutem Hause und hat sich in ihren Klavierlehrer, der zwanzig Jahre älter war, verliebt. Der hat ihre Verliebtheit ausgenutzt. Als Karin dann schwanger wurde, hat er alles abgestritten und hat Karin als Flittchen dahingestellt. Als das Jugendamt einen Vaterschaftstest haben wollte, auch schon wegen der Unterhaltszahlung, hat sich der Klavierlehrer das Leben genommen. Das Schlimmste war aber für Karin, dass ihre Eltern nichts mehr mit ihr zu tun haben wollten. Für die Eltern hatte Karin Schande über die Familie gebracht. Ja, ich sehe Richard immer noch am Zaun stehen.“

„Frau Klein, ich habe einen Brief von Richard an seine Mutter gefunden. Den hat die Mutter nie erhalten, er kam mit dem Vermerk unbekannt verzogen zurück. Wie kann denn eine Mutter ihr eigenes Kind einfach im Heim lassen und noch nicht einmal ihre Adresse dem Kind oder der Behörde melden?“

„Tja, ich vermute, das hing mit ihrem Ehemann zusammen, Herrn Stellter.“

„Ronny Stellter?“

„Nein, Ronny war doch der zweite Sohn von Karin Lober. Richard und Ronny waren Zwillinge. Herr Stellter hat aber nur Ronny adoptiert.“

„Moment bitte, ich kann Ihnen gerade nicht folgen, Richard und Ronny sind Zwillingsbrüder? Wo war Ronny denn?“

„Der Ronny war auch bei uns im Heim, der ist aber, als er ca. 14 oder 15 Jahre alt war, zu seiner Mutter und dem Ehemann gezogen. Kurze Zeit später hat Herr Stellter Ronny adoptiert.“

„Oh, wie furchtbar muss das für Richard gewesen sein …“ Ich schluchzte fast. Maurice nahm meine Hand.“ „Hat dir Richard nie aus seiner Heimzeit erzählt?“

„Nein, hat er nicht.“

„Sehen Sie, Frau Lober, das meinte ich, als ich sagte, Richard wurde hart. Er hat nie wieder nach Ronny oder seiner Mutter gefragt. Man konnte den Eindruck gewinnen, für Richard war ab da das Leben leichter. Er war ein guter Schüler! Es gibt nicht viele Kinder, die im Heim aufwachsen und so ein gutes Abitur absolvieren. Richard hat immer gesagt:

„Ich werde eines Tages reich sein und ihr nicht. Ich werde mir eines Tages alles leisten können und die schönste Frau auf der Welt heiraten. Das hat er ja getan, wie ich sehe, Frau Lober. Aber wie geht es denn Richard heute? Konnte er alle seine Wünsche erfüllen?"

„Mein mein Mann ist leider letztes Jahr bei einem Wasserunfall ums Leben gekommen."

„Einem Wasserunfall? Was meinen Sie damit?"

„Mein Mann war auf einem Katamaran segeln vor der Küste von Mallorca. Dabei ist er vom Boot gefallen und wurde gegen die Felsen geschleudert."

„Hm, das verstehe ich nun nicht, naja, ich bin schon alt, vielleicht verwechsle ich das auch."

„Was denn?", fragte Maurice. „Was verwechseln Sie?"

„Ich bin mir nicht mehr sicher, aber Richard hatte Angst vor dem Wasser. Er hat ja schon geschrien, wenn man ihn in der Badewanne gewaschen hat. Vielleicht war das aber Ronny, der Angst vor dem Wasser hatte. An alles kann ich mich dann wohl doch nicht erinnern. Der Kopf ist voller Erinnerungen, das Einzige, was, wenn man Glück hat, noch bleibt." Das sprach Frau Klein schon sehr leise aus.

„Yella, komm, ich glaube, Frau Klein ist eingeschlafen. Gönnen wir ihr die Ruhe."

„Wir können sie doch nicht einfach hier schlafend im Sessel sitzen lassen?"

Die Bedienung, die gerade am Tisch vorbeikam, nickte kurz und sagte: „Das ist keine Seltenheit in diesem Alter, dass man einfach mitten beim Erzählen einschläft. Gehen Sie ruhig, ich bringe Frau Klein anschließend auf ihr Zimmer."

Maurice bedankte sich, zahlte die Rechnung und gab ein großzügiges Trinkgeld.

## 14.
## Ronny Stellter

„Maurice, kannst du mich bitte in den Arm nehmen.“

Wortlos tat Maurice wie geheißen und hielt mich fest, wie schon so oft in letzter Zeit. „Na, Yella, nun ergibt vieles einen Sinn. Richard hatte einen Zwillingsbruder und somit gibt es keinen Doppelgänger. Ronny heißt mit Nachnamen Stellter, weil er adoptiert wurde, und Richard hatte den Geburtsnamen von seiner Mutter. Nun musst du nur überlegen, ob du an dieser Stelle aufhörst oder ob du deinen Schwager Ronny kennenlernen möchtest?“

„Ich möchte meinen Schwager kennenlernen, ich möchte wissen, ob er Richard ähnlich ist. Sind sie eineiige Zwillinge oder zweieiige?“

„Na, dann versuchen wir unser Glück. Let‘s go!“

Wir standen vor dem Wohnblock, wo Herr Stellter wohnen sollte. Maurice drückte die Klingel, einmal zweimal, dreimal, keine Reaktion. Enttäuscht schaute mich Maurice an. Es wäre ja auch zu einfach gewesen. In den letzten Monaten zeigte es sich ja schon, dass Herr Stellter sehr unregelmäßig dort war. Ich kramte aus meiner Tasche ein Blatt Papier hervor und schrieb:

Hallo Herr Stellter,
ich würde Sie gerne kennenlernen. Mit freundlichen Grüßen
Yella Lober

Darunter schrieb ich meine Handynummer.

Dann steckte ich das Blatt in den Briefkasten, der völlig überfüllt war. Ich wollte mein Blatt wieder herausziehen, weil so ein kleines Blatt ja untergeht. Dabei zog ich einen länglichen Briefumschlag mit hinaus. Der war adressiert an Ronny Stellter. Ich sah mir den Absender an. Es war eine Lin Saeli, Richards Tochter. „Maurice, schau mal, was hat das nun zu bedeuten?" Der Brief brannte in meinen Händen. Ich war kurz davor, den Brief aufzureißen. Da schloss Ronny Stellter neben uns die Tür auf. „Zu wem möchten Sie, kann ich Ihnen helfen?"

Ich schob den Brief in meine Jackentasche. „Wenn Sie Herr Stellter sind, stammelte ich … äh … ich … ich möchte gerne zu Ihnen."

„Sie sind wer?", fragte Ronny eine Spur zu unhöflich."

„Ich bin Yella Lober, Ihre Schwägerin."

„Da ich keinen Bruder habe, kann ich auch keine Schwägerin haben. Schönen Tag noch."

„Herr Stellter, bitte … Richard ist letztes Jahr ..."

Ich konnte den Satz nicht zu Ende sprechen, denn Ronny fiel mir ins Wort. „Interessiert mich nicht. Gegen Belästigung habe ich etwas, verstanden?"

Ronny Stellter ging hinein und wir standen wie bestellt und nicht abgeholt draußen vor der Tür. Maurice fand als Erster seine Sprache wieder. „Was war das denn für ein Auftritt? Unglaublich. Komm, wir gehen, Yella. Sag, sah er genauso aus wie Richard? Yella, hörst du mir gar nicht zu? Sah Ronny genauso aus wie Richard? Yella?“

„Ja, irgendwie schon und auch irgendwie nicht. Im ersten Moment dachte ich, es wäre Richard, aber er kann es nicht sein, er ist tot und hätte mich doch nie so behandelt.“

„Na ja, ich will mich mal so ausdrücken, wenn meine Frau mit einem anderen Mann vor meiner Wohnung stehen würde, wäre ich auch unhöflich! Sehr sogar.“

Wir gingen auf dem direkten Weg zu Anke, dort berichteten wir von unserem erlebnisreichen Tag. Anke war wirklich erleichtert, dass sich die Geschichte so aufgeklärt hatte. „Yella, ich hatte aber recht, die beiden sehen sich sehr ähnlich! Hm, ich bin froh, dass die Geschichte endlich ein Ende hat.“

Maurice sah mich an und grinste. Am nächsten Morgen flogen wir wieder zurück in die Schweiz.

Ich versuchte, nicht ständig an die Begegnung zu denken. Ich musste lernen, mein jetziges Leben zu akzeptieren. Dennoch hatte unser Berlin-Wochenende bei mir viel wieder hervorgerufen, an Trauer und Gesprächen mit Richard. War Richard wirklich so hart geworden, dass er seine Mutter nie wiedersehen wollte? Oder seinen Bruder? Ich würde darauf keine Antworten erhalten.

Es waren seit unserem Berlin-Wochenende ca. zwei Monate vergangen, da erhielt ich eine SMS von einer mir unbekannten Handynummer mit dem Wortlaut: „Komm alleine! Übermorgen, um 11 Uhr, in Rom am Trevi-Brunnen."

Ich las die SMS 20-mal. Wer wollte mich alleine sehen? Warum hatte derjenige das betont? Von Zürich nach Rom fliegt man mit dem Direktflug eine Stunde und 20 Minuten. Vom Flughafen braucht man noch einmal ca.50 Minuten bis zum Trevi-Brunnen. Ich könnte also am selben Tag wieder zurückfliegen. Aber warum sollte ich das tun? Ich rief die Nummer zurück. Es ging niemand ans Handy. Ich schrieb eine SMS zurück. ICH KOMME. Diese SMS wurde zugestellt, aber es gab keine Antwort. Ich erzählte Maurice nichts davon. Er war selbst übermorgen nicht erreichbar, fiel mir in diesem Moment ein, das hatte er mir schon gesagt. Er hatte einen wichtigen Kundentermin. Sicher kam die SMS von Maurice. Es war bestimmt wieder einer seiner tollen Überraschungen. Vielleicht wollte er mir in der Stadt der ewigen Liebe einen Heiratsantrag machen? Oh, wie romantisch. Maurice, ich werde dein Spiel mitspielen und nicht weiter nachfragen.

Ich klappte meinen Laptop auf und buchte für übermorgen einen frühen Hin- und einen späten Rückflug. Blöd nur, wenn wir getrennt zurückfliegen. Na ja, man kann ja auch sicher den Rückflug noch vor Ort umbuchen. Diese Aktion beflügelte mich regelrecht. Ich googelte noch schnell nach dem Wetter. Passt. In Rom ist ohnehin immer angenehmes Wetter. Am Abend vor dem Abflug telefonierte ich noch mit Maurice. Er erwähnte mit keiner Silbe, wo er sich morgen aufhalten würde. Er war, fand ich, ziemlich kurz angebunden. Ich schmatzte ihm dafür einen Kuss durchs Telefon, worauf er laut lachte und meinte, das macht er lieber, wenn er wieder bei mir ist.

## 15.
## In der Stadt der ewigen Liebe

Am nächsten Morgen brauchte der Wecker nicht zu klingeln. Ich war schon seit mehreren Stunden wach. Glücklich und beschwingt stand ich auf, kochte mir eine Tasse Kaffee, die ich im Stehen trank, und rief mir ein Taxi, um mich zum Flughafen bringen zu lassen. Ich trug einen beigefarbenen Hosenanzug, darüber einen braunen kurzen Wollmantel. Den konnte ich bei Bedarf in Rom ausziehen. In meiner großen Handtasche hatte ich noch eine knitterfreie Bluse hineingesteckt, für den Fall, dass es in Rom doch wärmer würde, als der Wetterbericht angekündigt hatte. Ich war schon so aufgeregt. Ich malte mir aus, wie Maurice vor mir stand und mich fragte, ob ich seine Frau werden wolle. Oder würde er sogar vor mir auf die Knie gehen? Ich schmunzelte vor mich hin. Vorfreude ist doch etwas ganz Besonderes. Vor vielen, vielen Jahren ganz am Anfang unserer Beziehung, war ich mal mit Richard in Rom gewesen. Leider hatten wir uns nach dem Frühstück schon über eine Kleinigkeit gestritten, sodass der Tag nicht besonders harmonisch war, um nicht zu sagen, er war eher unharmonisch. Komisch, ich konnte mich gar nicht mehr an den Grund für die Missstimmung erinnern. Seitdem war ich nie mehr in Rom. Heute wird es aber ein ganz besonderer Tag, dessen war ich mir so sicher. Die

Zeit im Flugzeug kam mir heute besonders lang vor, bedauerlicherweise hatte ich mir auch nichts zum Lesen mitgenommen. Wahrscheinlich hätte ich mich ohnehin nicht konzentrieren können.

Endlich leuchtete das Anschnallsignal und der Flieger setzte zur Landung an. Da ich kein Gepäck hatte und nichts zu verzollen, nahm ich mir wieder sofort ein Taxi und ließ mich zum Trevi-Brunnen fahren. Der Taxifahrer war sehr gesprächig, ihm war auch völlig egal, dass ich kein Italienisch sprach. Außer „scusi“ und ein Lächeln kam von mir nichts. Das Wetter hätte nicht besser sein können, strahlend blauer Himmel und ca. 15 Grad. Ich schaute permanent aus dem Fenster und beschloss, irgendwann wiederzukommen. Italien ist so ein schönes Land. Der Taxifahrer hielt mit den Worten: „Eccoci, signora, buona gironata.“

„Grazie Mille“, antwortete ich in meinem Touristen-Italienisch und stieg aus. Da das Taxi nicht direkt in der Straße vom Trevi-Brunnen halten konnte, musste ich ein kleines Stück laufen. Von Weitem sah ich schon die Menschen am Trevi-Brunnen, entweder mit dem Rücken zum Brunnen, um sich mit einer Münze ihr Glück abzusichern, indem sie den Wesen, die angeblich in dem Wasser lebten, um die Erfüllung ihrer Wünsche zu bitten, oder diejenigen, die sich an der Architektur nicht sattsehen konnten und nach vorn schauten. Ich überflog die Menschen und suchte Maurice. Ich konnte ihn nicht entdecken. Ich schaute auf meine Uhr und musste feststellen, dass es noch zu früh für unsere Verabredung war. Also ging ich ins nächste Café um die Ecke, um einen Cappuccino zu trinken. Gefühlt alle fünf Minuten schaute ich auf meine Armbanduhr. Kurz vor elf bezahlte ich und wollte zum Trevi-Brunnen gehen, da sah ich ihn. Oh Gott, damit hatte ich nicht gerechnet, vor mir stand Richard? Oder?

## 16.
## Der Schatten löst sich auf

„Ich danke dir, Yella, dass du gekommen bist, und noch mehr danke ich dir, dass du mich nicht angezeigt hast und auch nicht verraten hast. Mir ist klar, dass es für dich ein Schock gewesen sein muss, mich in Berlin zu sehen, aber glaub mir bitte, auch für mich war der Schock groß und schmerzhaft, dich auch noch mit einem anderen Mann zu sehen. Ich habe an deinen Augen sofort gesehen, dass ich dir nichts vormachen muss, du hast mich sofort erkannt."

Während Richard sprach, bekam ich immer noch keinen Ton heraus. Er fasste mich am Arm und zog mich eine Straße weiter in einen Mercedes, einen Mietwagen. Ich setzte mich ohne gesprochen zu haben auf den Beifahrersitz und Richard auf den Fahrersitz.

„Yella, hast du irgendjemandem erzählt, dass du mich erkannt hast?"

„Nein, um ehrlich zu sein, ich war mir nicht sicher, ob du Richard oder Ronny Stellter bist. Du hast abgenommen und deine Gesichtszüge sind hart. Jetzt siehst du aus wie Richard. Ich glaube, deine Stimme hat mich irritiert und ich hätte mir nie vorstellen können, dass du mich belügst und dich nicht zu erkennen gibst." Ich fing an zu weinen, die ganze Anspannung musste irgendwie raus. „Was bist du für ein Mensch? All die Lügen, all die Dinge, die du mir nicht erzählt hast, du ekelst mich nur noch an."

„Yella, ich werde dir alles erzählen. Kannst du dich noch daran erinnern, dass du mir erzählt hast, in Berlin im Park hättest du einen Mann gesehen, der mir sehr, sehr ähnlich sah? Ich wusste sofort, das muss mein Bruder Ronny sein, zu dem ich seit Jahren keinen Kontakt mehr hatte. Damals wurde ich bedroht und hatte Angst um mein und dein Leben. Also dachte ich mir, so ein Doppelgänger ist gar nicht schlecht. Ich setzte alle Hebel in Bewegung, um herauszubekommen, wo mein Bruder abgeblieben war. Irgendwann hatte ich die Adresse, er lebte auf Mallorca. Als mir dann noch der Zufall in die Karten spielte mit der Finca auf Mallorca, glaubte ich an eine Fügung des Schicksals. Nur mit deiner Reaktion hatte ich nicht gerechnet, ich hätte gerne mit dir auf Mallorca gelebt. Es wäre alles perfekt gewesen."

Ich hatte noch kein Wort gesprochen, mir liefen einfach nur die Tränen hinunter. Von Zeit zu Zeit wischte ich mir die Tränen ab.

Richard erzählte einfach weiter. „Ich blieb auf Mallorca, weil ich mich mit Ronny treffen wollte, ich wollte ihm einen Job als Doppelgänger anbieten. Er sollte für mich einige unwichtige Termine wahrnehmen, um falsche Spuren zu legen. Ich konnte ja nicht an zwei Orten gleichzeitig sein, so wollte ich mir meine Verfolger vom Hals halten.

Ronny war mir etwas schuldig, sonst hätte er sich mit mir wohl nie auf dem Katamaran getroffen. Wir segelten eigentlich zu spät los. Ich buchte den Katamaran und nahm Ronny an einem anderen Steg an Bord. Ich freute mich, meinen Bruder trotz aller schmerzhafter Erfahrungen wiederzusehen. Nur, als wir segelten und ich ihm von meinem Plan erzählte, für mich den Doppelgänger zu spielen, wurde er wütend. Wir wurden beide etwas hitzig, Ronny stand auf und wollte zu mir an die Pinne, um zu wenden. Ich machte eine Halse, um den Kurs zu ändern. Ronny fiel von Bord. Ich habe ihn nicht wieder gesehen. Ich drehte eine Halse nach der andern, aber Ronny blieb verschwunden. Ich wusste, Ronny war früher ein schlechter Schwimmer und dann auf dem offenen Meer. Ich ahnte, dass, nachdem ich Ronny vergeblich über eine Stunde gesucht hatte, ich ihn nicht finden würde." Jetzt erst wandte sich Richard mir zu. „Yella, es war wie ein Selbstläufer. Ich segelte an die Küste und sprang von Bord. Ronny hatte seinen Rucksack an dem Steg versteckt, wo ich ihn abgeholt hatte. Dort ging ich hin und nahm den Rucksack. Im Rucksack befand sich sein Personalausweis, ein wenig Geld, Wohnungsschlüssel von seiner Wohnung auf Mallorca und so weiter. Ich hatte da noch gar nicht vor, sein Leben zu übernehmen. Ich wollte nur ein wenig Ruhe haben."

„Richard, halt mich doch bitte nicht für blöd! Du hättest doch sagen können, dass es ein Unfall war?“

„Wollte ich ja auch, nur nicht gleich. Irgendwann kam ich aus der Nummer nicht mehr raus.“

„Wieso hattest du denn schon vorher deine Kapitallebensversicherung gekündigt und ein Teil des Geldes deiner Tochter gegeben? Warum hast du mir nie erzählt, dass du eine Tochter hast? So etwas verschweigt man doch nicht seiner Ehefrau. Warum hatten wir beide denn keine Kinder? Hast du dich für mich sterilisieren lassen? Wolltest du mit mir gar keine Kinder?“

„Yella, nein, so ist das alles nicht! Ich hätte gerne mit dir Kinder gehabt. Lin ist nicht meine Tochter, sondern Ronnys Tochter.“

„Jetzt muss für alles wohl dein toter Bruder herhalten oder wie?“

„Ich habe uns um die Ecke ein Zimmer gemietet. Bitte lass uns dort hingehen und ich werde dir wirklich, wirklich alles erzählen. Du weinst die ganze Zeit, du musst etwas trinken und essen.“

„Essen? Nein, danke, mir ist nicht nach essen.“

„Ich verstehe dich, aber bitte lass uns gehen und reden, bitte.“

Ich öffnete die Wagentür und stieg aus. Ich konnte Richard nicht ansehen. Schweigend gingen wir zu einem Hotel. Richard ließ sich die Zimmerschlüssel geben, bestellte Wasser und zwei Pizzen für uns. Warum bestellte er mir eine Pizza mit Schafskäse?

Wusste er nicht mehr, was meine Lieblingspizza war? Als ich im Zimmer war, ging ich als Erstes ins Bad, um mir die restliche Schminke, die noch nicht verlaufen war, aus dem Gesicht zu wischen. Dann ließ ich mir eiskaltes Wasser über die Handgelenke laufen. Ich fühlte mich hundeelend. Als ich zurück in das Zimmer kam, saß Richard am Tisch und hatte für uns beide Wasser eingeschenkt.

„Also, warum hat deine Tochter das Geld bekommen?“

Richards Gesicht zuckte. Ich fand, er sah älter aus und abgenommen hatte er auch.

„Lin Saeli ist Ronnys Tochter. Er hat ihre Mutter, die als Au-pair-Mädchen im Heim bei uns im Grunewald gearbeitet hat, vergewaltigt. Lins Mutter wusste nicht, wer von uns beiden ihr das angetan hat. Letztendlich hat sie mit dem Finger auf mich gezeigt. Da das Heim keinen Skandal wollte und Lins Mutter sofort nach Hause wollte, hat man einfach alles unter den Teppich gekehrt. Ronny hat damals keine Reue gezeigt, er war eiskalt. Im Gegenteil, manchmal hat er mich sogar noch verspottet. Meine Mutter, die uns immer aus dem Heim holen wollte, hat mich im Heim gelassen, weil ich ein Verbrecher und Vergewaltiger war.“

Richard fing bitterlich an zu schluchzen und hemmungslos an zu weinen. Ich nahm ihn still in den Arm.

„Ronny durfte bei unserer Mutter und ihrem Mann leben, wurde adoptiert und hieß von da an Ronny Stellter. Das war der Moment, wo ich mir schwor, beide zu vergessen! Eigentlich waren beide für mich tot, bis ich selbst Ronny einen Platz in meinem Leben gab und sich daraus wieder eine Katastrophe entwickelte. Lins Mutter hatte nach ca. acht Jahren Kontakt zu mir aufgenommen und mich erpresst mit Unterhaltszahlungen. Mir ging es damals wirtschaftlich nicht schlecht und Lins Mutter verlangte nicht viel Geld. Das hat mir imponiert. Außerdem wollte ich nicht, dass der Fall nochmal aufgerollt wird. Da war es für mich einfacher zu zahlen. Sie fügte ihrem Schreiben ein Foto von Lin bei, sie sah so süß und pfiffig aus. Was konnte denn dieses kleine Wesen dafür, auf so schreckliche Art und Weise gezeugt worden zu sein? Ich überwies regelmäßig eine kleine Summe für Lin. Als Lin älter wurde, fragte sie ihre Mutter, wer denn ihr Vater sei. Sie erzählte, wir beide hätten uns ineinander verliebt, sie wollte und konnte aber nicht mehr in Deutschland leben, so ging sie zurück in ihre Heimat. Mit 18 beschloss Lin, mich kennenlernen zu wollen. Ich flog nach Thailand und war von Lin begeistert, sie hatte sogar Deutsch für mich gelernt. Lin kennt bis heute nicht die Wahrheit. Sie machte ihr Abitur und studierte Informatik. Ich beschloss, damals eine Firma in Thailand zu gründen und Lin die Geschäftsleitung zu übergeben. Ich habe zu ihr

Kontakt aufgenommen als Richard Lober. Als Lin von meinem Tod erfahren hat, habe ich als Ronny Stellter Kontakt zu ihr aufgenommen, ich habe ihr gesagt, dass ich der Bruder bin und erfahren hätte, dass sie Richards Tochter ist. Ich würde gerne mit ihr schriftlich in Kontakt bleiben."

„Das war wohl der Brief, den ich in Berlin aus deinem Briefkasten gezogen habe, als ich dir den Zettel hineingesteckt habe."

„Yella, ich lebe ein völlig anderes Leben. Die Wohnung von Ronny auf Mallorca habe ich aufgegeben. Ich dachte, es wäre gut, in London zu leben. Dann sah ich dich und dachte, nun kommt alles raus, alles ist vorbei und ich muss ins Gefängnis. In die Schweiz wollte ich nie wieder, ich könnte es nicht ertragen, dich irgendwo zufällig zu sehen. Dass wir uns dann aber ausgerechnet in Berlin sehen, das war wohl wieder Zufall. Die Wohnung in Berlin ist auch gekündigt."

Ich stand auf, ging langsam zum Fenster, schaute hinaus, draußen schien immer noch die Sonne, es war warm. Ich fühlte eine innerliche Kälte, Schmerz, Verrat alles auf einmal. Plötzlich stand Richard hinter mir, seine Hände umfassten meine Schultern. „Yella, ich liebe dich! Mir ist bewusst, dass ich nichts von dir verlangen kann und darf. Kannst du mir irgendwann verzeihen?"

„Wie soll das gehen? Ich habe dich identifiziert, ich habe bestätigt, dass du tot bist, aber es war dein

Bruder. Ich habe deine Lebensversicherung angenommen, ich habe unser Haus verkauft. Mir ein neues Leben aufgebaut. Ich habe um dich getrauert. Einen Mann. der alle belogen und betrogen hat. Ich habe ein neues Leben angefangen, in dem ein Richard Lober keinen Platz hat! Du sagst, du liebst mich? Wo war deine Liebe, als wir zusammengelebt haben? Wo war dein Vertrauen? Wie geht es jetzt weiter? Ich habe mich strafbar gemacht! Du hast mich zur Straftäterin, Komplizin gemacht." Ich schaute auf die Uhr. Mein Flieger ging in zwei Stunden. Den konnte ich unmöglich schaffen. Ich sah auf mein Handy, drei Sprachnachrichten von Maurice. Ich ließ Richard stehen, ging ins Bad und hörte die Sprachnachrichten ab, alle drei waren von Maurice. Er teilte mir mit, dass sein Termin sich noch um einen Tag verlängert, ich solle nicht traurig sein. Er freut sich auf mich. Ich antwortete per WhatsApp: „Ich freue mich auch. Bis morgen! Gruß Yella."

Als ich aus dem Bad kam, stand Richard immer noch am Fenster. „Wer ist dein neuer Freund?"

„Das geht dich nichts an, Richard."

„Du hast recht, entschuldige. Was wirst du nun tun mit deinem Wissen? Gehst du zur Polizei?"

„Ich brauche Zeit für diese Entscheidung."

„Wann fliegst du nach Zürich zurück?"

„Morgen früh."

„Yella, bitte bleib diese eine Nacht noch bei mir. Ich verspreche, dir es wird nichts geschehen, was du nicht auch willst. Bitte gib uns diese eine Nacht“, flehte Richard.

„Vor einem Jahr habe ich mir nichts sehnlicher gewünscht als eine Nacht, nur noch einmal eine Nacht mit dir zu verbringen.“

Schweigend nahm Richard meine Hand, wir legten uns so, wie wir waren, angezogen auf das Bett. Richard umarmte mich und fing still an zu weinen.

Als ich nächsten Morgen erwachte, war Richard schon fort, er hatte das Zimmer bezahlt und an der Rezeption übergab man mir einen Briefumschlag von Ronny Stellter.

Ich steckte den Brief in meine Jackentasche und las ihn auf dem Rückflug in die Schweiz.

Liebe Yella,
nichts ist, wie es scheint.
Nichts bleibt, wie es war.
Nichts kommt, wie man denkt.
Gewöhne dich daran.
Lebe einfach weiter!
DANKE für alles!

Für mich begann ein neues Leben. Ich musste nicht mehr trauern. Maurice und ich leben weiterhin in Montreux. Demnächst beziehen wir als Herr und

Frau Renz zusammen ein Haus. Ich bin so, wie es ist, glücklich.

Für Anke und Maurice ist der Spuk mit dem Doppelgänger vorbei, seitdem sie wissen, es gibt einen Zwillingsbruder, der keinen Kontakt zu mir möchte.

Von Lin Sahin habe ich gelesen, dass sie erfolgreich ein Internetunternehmen an die Börse gebracht hat. Sie ist eine erfolgreiche Geschäftsfrau in Thailand geworden.

**ÜBER Die Autorin**

Mein Name ist Pia Herzog, 62 Jahre jung. Ich wohne seit meinem 17. Lebensjahr im Landkreis Schaumburg.

Weitere Bücher von mir, die im Rediroma-Verlag erschienen sind:
ANGSTSCHWEISS AUF DER HAUT
ISBN 978-3-98527-042-2
RAUS AUS DER GEWALT
ISBN 978-3-98527-257-0
LEBEN OHNE VERGANGENHEIT
ISBN 978-3-98527-460-4

Dieses Buch ist eine freie Erfindung von mir, Namensgleichheit mit lebendenden Personen sind von mir nicht beabsichtigt und wären absolut zufällig. Ich erkläre weiterhin, dass ich keine Verletzungen der Rechte von Dritten beabsichtige; Ausnahme: Die Coverband „Breaking Bridges“ aus Hannover hat sich mit der Nennung ihres Namens einverstanden erklärt. https://www.facebook.com/Breaking-BridgesHannover/

Wer mehr über meine Veröffentlichungen erfahren möchte, kann das auch ganz bequem über die nachfolgende Homepage machen.
https://www.pia-herzog.de/